全国高职高专经济管理类"十二五"规划理论与实践结合型系列教材·物流专业

校企合作优秀教材

集装箱运输实务

CONTAINER TRANSPORT PRACTICE

编著 刘钧炎 焦 亮 缪兴锋
　　　王冬冬 李超锋 何 勇

华中科技大学出版社
http://www.hustp.com
中国·武汉

图书在版编目(CIP)数据

集装箱运输实务/刘钧炎,焦亮,缪兴锋等编著.—武汉:华中科技大学出版社,2012.7(2022.7重印)
ISBN 978-7-5609-8148-2

Ⅰ.①集… Ⅱ.①刘… ②焦… ③缪… Ⅲ.①集装箱运输-高等职业教育-教材 Ⅳ.①U169

中国版本图书馆 CIP 数据核字(2012)第 131605 号

集装箱运输实务 刘钧炎 焦 亮 缪兴锋 等 编著

策划编辑：张凌云
责任编辑：狄宝珠
封面设计：龙文装帧
责任校对：张 琳
责任监印：徐 露
出版发行：华中科技大学出版社(中国·武汉) 电话：(027)81321913
　　　　　武汉市东湖新技术开发区华工科技园 邮编：430223
录　　排：华中科技大学惠友文印中心
印　　刷：广东虎彩云印刷有限公司
开　　本：787mm×1092mm 1/16
印　　张：12.75 插页:1
字　　数：333千字
版　　次：2022年7月第1版第7次印刷
定　　价：36.00元

本书若有印装质量问题,请向出版社营销中心调换
全国免费服务热线：400-6679-118 竭诚为您服务
版权所有　侵权必究

全国高职高专经济管理类"十二五"规划
理论与实践结合型系列教材·物流专业

编委会

顾　　问：马士华
总 主 编：张良卫
副总主编：高新和　缪兴锋　李　东　符海青
编委委员：（排名不分先后）
　　　　　颜汉军　胡延华　任永凯　黄本新
　　　　　麦　影　刘钧炎　关善勇　罗国良
　　　　　李超锋　许　彤　唐永洪　赖红清
　　　　　朱惠红　黄　慧　吴春尚　叶建恒
　　　　　刘武军　方秀英　余　正　谢　飒

总 策 划：缪兴锋　高新和

总序
GENERAL PREFACE

进入21世纪以来,随着中国社会主义市场经济体系建立、世界经济一体化进程的加快和科学技术的飞速发展,物流产业作为国民经济中一个新兴的产业部门,将成为本世纪的重要产业和国民经济新的增长点。目前,物流作为提升市场核心竞争力的重要内容,其现代物流理念、先进的物流技术和现代物流模式已经被引入国家、地方经济建设中;许多市场意识敏锐的企业也把物流作为提升企业核心竞争力的重要手段,将现代物流管理方法融入到了企业的经营管理之中。

随着市场竞争日益激烈、用户需求的不确定性和个性化需求的增加,以及高新技术迅猛发展、产品寿命周期缩短和产品结构越来越复杂的环境,市场需要社会化、专业化、应用型人才帮助企业适应新的竞争环境。物流作为我国一个快速发展的行业,社会对物流专业的人才需求在逐年增加,据中国物流与采购联合会统计,物流专业人才已被列为我国12类紧缺人才之一,物流人才的年需求量为600余万人。统计显示,目前物流从业人员当中拥有大学学历以上的仅占21%,许多物流部门的管理人员都是半路出家,很少受过专业培训。今后一段时期,除储存、运输、配送、货运代理等领域的物流人才紧缺外,相关的系统化管理人才、懂得进出口贸易业务的专业操作人才、电子商务物流人才、掌握商品配送和资金周转及成本核算等相关知识和操作方法的国际性物流高级人才将更加受到追捧,物流管理专业的毕业生在物流企业、港口、海关、货运公司、商贸企业等方向就业前景良好。

为应对国际金融危机的影响,2009年国务院通过的《物流业调整和振兴规划》使物流业成为我国十大振兴产业之一,"加快物流人才培养"成为物流业振兴与发展的九大保证措施之一。规划指出,,要加强物流人才需求预测和调查,制定科学的培养目标和规划,强化职业技能教育。《国家中长期教育改革和发展规划纲要(2010—2020年)》提出大力发展职业教育,实行工学结合、校企合作、顶岗实习的人才培养模式的改革。《教育部财政部关于进一步推进"国家示范性高等职业院校建设计划"实施工作的通知》(教高[2010]8号)提出要建立校企合作长效运行机制。

为了配合高等职业院校大力推行理论与实践相结合、校企合作的培养模式,结合物流行业发展的最新动态,华中科技大学出版社邀请了我国职业教育领域的专家、企业技术专家、企业人力资源专家和高职院校的骨干教师进行了有意义的探索——相关教材的编写。

华中科技大学出版社的这一探索,有以下三个特点。

第一,建立标准。标准是建立在市场的基础上、建立在物流企业需求、建立在服务地方经济建设的基础上,在标准的基础上作出具有中国特色的高职高专物流教材。

第二,课程设置。针对专业所对应的职业领域,邀请相关企业的技术骨干、人力资源管理者及行业著名专家和院校骨干教师,通过访谈、问卷和研讨,由企业技术骨干和人力资源管理者提出职业工作岗位对技能型人才在技能、知识和素质方面的要求,结合目前我国高职教育的现状,共同分析、讨论课程设置存在的问题,通过科学合理的调整、增删,确定课程门类及其教学内容。

  第三,教学模式。针对高职教育对象的智力特点,积极探讨提高教学质量的有效途径,采用理论与实践进行结合的项目式的引导模式,引入能够激发学习兴趣、贴近职业实践的工作任务,将项目教学作为提高教学质量、培养学生能力的主要教学方法,把适度够用的理论知识按照工作过程来梳理、编排,以促进符合职业教育规律的新的教学模式的建立。

  在此基础上,华中科技大学出版社组织出版了这套规划教材。我始终欣喜地关注着这套教材的规划、组织和编写。华中科技大学出版社敢于探索、积极创新的精神,应该大力提倡。我很乐意将这套教材介绍给读者,衷心希望这套教材能在相关课程的教学中发挥积极作用,并得到读者的青睐。我也相信,这套教材在使用的过程中,通过教学实践的检验和实际问题的解决,能够不断得到改进、完善和提高。

马士华 教授
2012 年 8 月

前言
PREFACE

　　国际贸易中百分之八十以上的货物是集装箱货物,运输集装箱化已成为国际货运方式的大趋势。近年来,我国的集装箱运输发展势头更是迅猛,其中我国集装箱产销量已经连续多年蝉联世界第一,集装箱吞吐量世界前十位的港口中,我国占了六个。为了适应我国集装箱运输的发展及培养集装箱运输专业人才,我们编写了《集装箱运输实务》这本系统反映集装箱运输的专业教材。本书可供物流、港航、报关、国际货运代理、交通运输管理、国际贸易等专业学生选作专业教材,还可作为国际货运代理企业、国际船舶代理企业、国际航运企业、港口等单位的业务人员自学或岗位培训用书。

　　本书以集装箱水路运输为主、集装箱陆路运输和航空运输为辅,围绕集装箱运输货运流程的先后顺序,采取项目任务驱动的组织结构,设计了七大集装箱实训项目。项目一为集装箱运输介绍(任务一:集装箱运输方案的整体设计);项目二为集装箱运输市场的开发(任务一集装箱班轮运输航线设计,任务二船公司箱务管理,任务三集装箱水路运输的费用核算与报价,任务四人员揽货);项目三为集装箱运输租船订舱(任务一集装箱的选择与整箱货箱量计算,任务二拼箱货箱量计算,任务三订舱,任务四船公司放箱);项目四为集装箱装箱及单证实训(任务一集装箱装箱,任务二集装箱运输单证缮制);项目五为集装箱船配积载(任务一绘制集装箱船舶配积载图);项目六为集装箱运输进口流程及港口操作(任务一集装箱船公司进口货运业务,任务二港口泊位规划,任务三港口堆场规划);项目七为集装箱陆路运输与航空运输(任务一集装箱陆路运输,任务二集装箱航空运输)。

　　本书最大的特点是突出实战性,以大量的企业实际操作为载体,采用任务式的编写思路。本书从集装箱运输所涉及的行业入手(所涉及的行业有国际货运代理行业(物流行业)、国际船舶代理行业、国际航运行业、港口),根据各行业与集装箱运输相关的工作内容,提炼出相关行业的集装箱运输的典型工作任务,然后根据典型工作任务设计本书各个板块,再将相关工作任务分组成七个项目,最后用集装箱运输业务前后流程这条主线,将七个项目串联起来,组成本书的架构。按照时间顺序排列的、清晰明了的集装箱运输业务流程使读者更容易理解,也更适合中职、高职、实践型本科的学生学习,为学生将来到企业从事集装箱运输相关工作打下良好的基础。本书不仅编写架构体现实战,教材内容也体现实战,教材任务中的实训数据、实训场景、实训单据完全来源于一线企业,使学生真正能够教、学、做一体化,锻炼动手能力,提高职业技能。

　　本书为全国高职高专经济管理类"十二五"规划理论与实践结合型系列教材,有幸邀请到教育部高校物流类专业指导委员会委员张良卫教授、教育部高职高专工商管理类教指委实践教学委员会委员高新和教授、中国物流学会常务理事缪兴锋教授担任主审,在此表示衷心的感谢!华中科技大学出版社的各位同仁为本书出版提供了大力支持,在此表示衷心的感谢!我的学生区沃华根据实际工作,为本书提供了大量的实训数据;另外,广州南沙港的肖志聪经理、深圳赤湾码头的刘强经理、中远广州分公司的黎经理、广州和笙富物流有限公司总经理冯展培、广州市宏峰物流有限公司总经理张晶林为本书提供了宝贵的建议和指导,在此一并表示感谢！我们在本书的编写过程中参考了大量的国内外文献资料,在书末参考文献中列出,挂一漏万,在此向所有列名文献及未列名文献的作者表示衷心的感谢！

  本书由刘钧炎、焦亮、缪兴锋担任主编,王冬冬、李超锋、何勇担任副主编。集装箱运输具有涉及面广、知识更新快的特点,而由于作者能力有限,而且成书时间仓促,书中难免有错误、疏漏及不足之处,敬请广大读者与各位老师、专家批评指正。您的宝贵意见可发至邮箱 gzliujunyan@126.com。您的宝贵意见与建议将使本书更加完善。谢谢！

刘钧炎

2012 年 4 月

目录
CONTENTS

- 项目一　集装箱运输介绍 1
  - 任务一　集装箱运输方案的整体设计 7
- 项目二　集装箱运输市场的开发 13
  - 任务一　集装箱班轮运输航线设计 16
  - 任务二　船公司箱务管理 23
  - 任务三　集装箱水路运输的费用核算与报价 34
  - 任务四　人　员　揽　货 40
- 项目三　集装箱运输租船订舱 45
  - 任务一　集装箱的选择与整箱货箱量计算 50
  - 任务二　拼箱货箱量计算 55
  - 任务三　订　舱 60
  - 任务四　船公司放箱 64
- 项目四　集装箱装箱及单证实训 81
  - 任务一　集装箱装箱 88
  - 任务二　集装箱运输单证缮制 94
- 项目五　集装箱船配积载 103
  - 任务一　绘制集装箱船舶配积载图 116
- 项目六　集装箱运输进口流程及港口操作 131
  - 任务一　集装箱船公司进口货运业务 134
  - 任务二　港口泊位规划 138
  - 任务三　港口堆场规划 146
- 项目七　集装箱陆路运输与航空运输 155
  - 任务一　集装箱陆路运输 160
  - 任务二　集装箱航空运输 166
- 附录 173
  - 附录A　落货纸 173
  - 附录B　十联单第一联 174
  - 附录C　十联单第七联 175
  - 附录D　十联单第九联 176
  - 附录E　集装箱类型代号表 177
  - 附录F　铁路联盟标准数字代码及字母代码表 180

附录G 出/入境集装箱报检单 ·· 182
附录H 集装箱检验检疫结果单 ·· 183
附录I 出境货物报检单 ·· 184
附录J 一般原产地证明书 ··· 186
附录K 普惠制产地证 ··· 187
附录L 出口货物报关单 ·· 188
附录M 电放申请书 ·· 189
附录N 电放通知书 ·· 190
附录O 危险货物隔离表 ·· 191
参考文献 ·· 192

项目一
集装箱运输介绍

CONTAINER
TRANSPORT
PRACTICE

项目目标

(1) 掌握各种用途的集装箱的特点。
(2) 熟悉集装箱运输的特点与优越性。
(3) 了解集装箱运输发展的历史。
(4) 能够根据实际情况设计整体集装箱运输方案。

一、集装箱运输介绍

集装箱运输是指货物装在集装箱内进行运送的运输方式。

集装箱(container),中国内地称作"集装箱",中国香港称作"货箱",中国台湾称作"货柜"。ISO 在 1981 年的《集装箱名词术语》中对集装箱的定义:集装箱是一种运输设备,具有如下几个特点:

(1) 足够的强度,可长期反复使用;
(2) 适用于一种或多种运输方式,运送途中转运时,箱内货物不需更换;
(3) 快速装卸和搬运的装置,特别便于从一种运输方式转移到另一种运输方式;
(4) 便于货物装满和卸空;
(5) $1\ m^3$ 或 $1\ m^3$ 以上的容积。

集装箱这一术语不包括车辆和一般包装。

截至 2012 年,我国的集装箱产销量已经连续十八年蝉联世界第一,成为名副其实的集装箱大国。在当今的世界进出口商品中,国际货运业务的百分之八十以上都是通过集装箱运输完成的,集装箱作为现代化的运输工具,扮演着世界各国经济、贸易交往载体的角色,在世界经济和国际贸易中发挥着不可或缺的作用。

二、集装箱运输的历史

集装箱运输是在第二次世界大战后迅速发展起来的,于 20 世纪 70 年代初进入我国,80 年代后期在我国进入多式联运。近年来,集装箱运输在发达国家和中国都成为主要的运输方式。

(一) 集装箱运输在国外的发展

集装箱运输是现代化大生产和运输领域发展的必然产物,其在国外的形成发展过程大致可以分为萌芽、开创、成长和成熟阶段。

1. 萌芽阶段(1801—1955)

1801 年,英国的安德森提出了集装箱运输的设想。1845 年,英国铁路上出现了载货车厢。1880 年,美国正式试制了第一艘内河用的集装箱船,但作为新型水运方式,集装箱船并没有得到广泛认可。

20 世纪初,西方资本主义国家货物运量的激增引领运输行业迅速发展,公路和铁路运输都得到了较快的发展,英国正式采用集装箱铁路运输。这种新型工艺很快在欧洲被传播开来。

2. 开创阶段(1956—1966)

20世纪50年代后期，集装箱运输开始在世界范围内迅速发展。1956年4月26日，美国泛大西洋轮船公司将"理想X号"油轮改装，在甲板上设置了可装58只35 ft集装箱的平台进行试运，获得巨大成功，每吨货物平均装卸费用降至普通件杂货的1/37。1957年，泛大西洋轮船公司又将6艘普通件杂货轮船改装成了集装箱船，航行于纽约—休斯敦的航线上。1960年4月，该公司更名为海陆运输公司，并在1961年陆续开辟了其他集装箱货物航线。在此期间，其他的轮船公司也开辟了不同的集装箱货物航线。集装箱运输从此逐步发展起来了。

3. 成长阶段(1967—20世纪80年代)

继美国之后，日本和欧洲各国的船公司先后在日本、欧洲和美国等地区的主要航线上开展了集装箱运输。1967年9月，马托松船公司将"夏威夷殖民者"号全集装箱船投入到日本—北美太平洋沿岸航线。1968年，日本有6家船公司在日本—加利福尼亚之间开展集装箱运输。

集装箱由于具备从事多式联运、门到门的特点，因此深受货主、船公司及有关部门的欢迎。1971年年底，发达国家的海上件杂货运输基本实现了集装箱化。这时的集装箱运输以高速、载重量大的全集装箱船为主，高新技术也开始应用于集装箱运输，集装箱运输管理水平有了很大的提高。

4. 成熟阶段(20世纪80年代—　)

20世纪80年代末以来，世界经济的快速发展，使得集装箱运输遍及世界上所有从事海运的国家。随着集装箱运输的逐渐成熟，其相应的配套设施，如集装箱码头、高吊作业工具等也不断得到完善，相应的法律条文也逐渐形成；计算机的普及和IT技术的发展使得在集装箱运输管理方面，广泛采用了电子信息交换系统，加速了集装箱的周转；通过全球卫星定位技术，实现了对集装箱的动态跟踪和对信息的实时掌握。

（二）集装箱运输在国内的发展

我国的集装箱运输起步比较晚，但是发展比较快。20世纪50年代，我国开始在铁路运输中采用集装箱，进入90年代，我国集装箱运输快速发展，港口吞吐量持续增长，港口建设逐步健全。目前，我国已初步形成了布局合理、设施较完善、现代化程度较高的集装箱运输体系，建设成了吞吐量大、码头设施齐全的现代化集装箱专业港口，如上海港、深圳港、广州港、天津港、青岛港等。

三、集装箱运输的特点与优越性

集装箱运输是目前国际上现代化程度最高、标准化程度最高的一种运输工具。在整个运输过程中，集装箱运输大大减少了装卸、搬运、理货等环节，它适用于铁路、公路、水路和航空等运输方式，具有简便、省时、省事、省费用、迅速、安全、货损货差少等优点。

（一）集装箱运输方式的特点

1. 集装箱运输可以实现"门到门"

货物装入集装箱后可以直接从发货人的仓库送到收货人的仓库，不管经过多长的距离，更换几种运输方式，货物都不需被提出，也不用开箱检验。集装箱运输所提供的"门到门"服务可以满足货主对运输提出的更高要求，这是集装箱运输方式的重要特点，也是企业采用集装箱运输所要达到的目的，适应现代物流的发展趋势。

2. 集装箱运输适用于组织多式联运

多式联运是指以两种或两种以上不同的运输方式,由多式联运经营人负责将货物从接收地运至目的地,交付收货人的一种运输方式。在很多情况下,集装箱运输被看做是多式联运,多用于国际多式联运。集装箱运输可以实现门到门,这决定了其具备从事多式联运的特点。而集装箱作为一种封闭的装载工具在换装转运时,监管部门只需检查铅封或加封放行,可以一票到底,直达收货人。所以集装箱运输又是最适合从事国际多式联运的一种运输方式。

3. 集装箱运输消除了所运货物的外形差异

在没有使用集装箱运输之前,对于货物的物理属性和自然属性我们很容易掌握,其物理、化学特性上的差异也比较明显,我们可以通过视觉、触觉和嗅觉对货物加以区分。而采用集装箱后,其属性完全被集装箱掩盖,对于我们来说能看到和触摸到的就是一个集装箱,而无法掌握内装货物的情况。

4. 集装箱运输需要大量的初始投资

开展集装箱运输需要一系列新的、大型化、机械化的设施与设备,这需要有大量资金投入。如港口需要投资装备集装箱桥吊、龙门吊等机械,需要专门铺设集装箱场地;铁路运输需要投资集装箱车皮及能装卸集装箱的办理站;公路运输需投资集装箱卡车及能处理集装箱的公路中转站等。因其是一种多式联运,所以各种集装箱运输方式的投资还必须配套,这些都需要非常大的初始投资。

5. 集装箱运输需要新的管理体制和新的管理人员

联合国有关机构曾作出评估:在许多发展中国家刚开展集装箱运输的时候,其管理人员大多是原件杂货运输的管理人员。这些人容易照搬件杂货运输的管理方法去管理集装箱运输,因此经常把管理搞得一团糟。

集装箱运输在信息管理、箱务管理、堆场管理、装卸运输管理、机械设备管理、单证报表管理等方面有全新的理念和方法,必须形成新的管理体制,建立新的管理理念,形成新的管理队伍。

6. 集装箱运输增加了一些潜在的不安全因素,对运输提出了更高的要求

(1) 全集装箱船常有三分之一至一半的集装箱堆放在甲板上,提高了船舶的重心,降低了稳定性。同时甲板上堆积的集装箱会影响驾驶台的视线,影响消防通道的畅通性。

(2) 全集装箱船为了能使集装箱顺利装舱,其舱口一般比较大,这使得集装箱船与普通货船相比,抗变形能力减弱许多。

(3) 货物装箱打上封条后,在途中无法知道箱内货物的状态。如果在装箱时处置不妥,途中又得不到纠正的机会,由此可能导致发生比件杂货运输更为严重的货损,甚至会引发灾难。

(二) 集装箱运输方式的优越性

1. 扩大成组单元,降低劳动强度,提高货物装卸效率

托盘、网兜等传统成组运输与单件货物运输相比,装卸单元扩大了 20~40 倍;集装箱与托盘和网兜等传统成组运输相比,装卸单元又扩大了 15~30 倍。在货运的发展过程中,随着装卸单元的不断扩大,机械化程度不断提高,劳动强度不断降低,装卸效率不断提高。

2. 减少货损货差,提高货物运输的安全与质量

货物装入集装箱内后,在整个运输过程中不再倒载。由于减少了装卸搬运的次数,货损货差大大减少,提高了货物运输的质量和安全。

3. 节省货物运输包装费用，简化理货工作

利用集装箱装货，可减少货物自身的包装强度，节省包装费用，简化理货工作，降低相关费用。

4. 缩短货物在途时间，降低物流成本

集装箱化给港口和场站的货物装卸及堆场的全机械化和自动化创造了条件。机械化和标准化提高了装卸效率，缩短了车船在港口和场站的时间，降低了物流成本。

四、集装箱运输的发展趋势

（一）集装箱运输量持续增长

由于国际集装箱运输方式具有巨大的优越性，所以集装箱运输量近年来持续增长。随着经济全球化的发展，世界经济总量的增长，国际贸易总量的增长，世界集装箱港口吞吐量以每年 9% 左右的速度增长，集装箱在整个运输中承担越来越大的市场份额。这种增长主要来自全球经济的增长、世界贸易量的增加、适箱货的进一步集装箱化及短途的沿海集装箱运输量的增加。

（二）集装箱运输日益大型化

集装箱运输量持续增长客观地要求提高运输效率和降低运输成本，根据规模经济、生产规模的扩大能使生产成本降低，必然导致集装箱运输向大型化方向发展。

集装箱运输的大型化趋势，首先表现在集装箱本身的大型化。虽然受到各国运输工具、装卸工具、道路桥梁等条件的限制，集装箱加宽、加高、加长受到制约，但在总的标准系统不变前提下的大型化趋势依然很明显，这种大型化被称为"温和"的大型化。例如 45 ft 集装箱的出现，就是在原 40 ft 集装箱的两端各增加 2.5 ft，在原 40 ft 的 8 个角的位置依然设置 8 个角件，这样增加了集装箱的内容积，却可以完全不改变与卡车、火车、吊具等的配合关系。

集装箱运输的大型化趋势，其次表现在集装箱船舶的大型化。各发展阶段集装箱船舶的特点如表 1-1 所示。

表 1-1 各发展阶段集装箱船舶的特点

船 型	出现年份	船长/m	吃水/m	载箱量/TEU
第一代	1965 年以前	约 150	8～9	1 000 以下
第二代	1967—1970	175～225	9.5～10.5	1 000～2 000
第三代	1971—1983	240～275	10.5～12	2 000～3 000
第四代	1984—1988	275～295	11.5～12.5	3 000～4 000
第五代	1989—1996	280～300	11.5～13.5	4 000～6 500
第六代	1997 年后	300 以上	13.5 以上	6 500 以上

当前的集装箱船越来越大，世界最大集装箱船的纪录每一年都在刷新。2011 年 7 月 13 日，中海集团所属"中海水星"轮从韩国三星重工巨济船厂下水，该船载箱量 14 074 TEU，船长 366 m，船宽 51.2 m，面积相当于 48 个篮球场，是当时世界上最大的集装箱船。同年，韩国大宇造船厂还获得了马士基的订单，为其建造 10 艘 18 000 TEU、船长超过 400 m 的超大型集装箱船。

集装箱运输的大型化、自动化趋势还体现在集装箱运输的配套设施日益大型化、自动化，例

如集装箱码头的深水化、大型化和高效化。随着世界集装箱运输需求量的增长和集装箱运输船舶大型化趋势的加快,世界集装箱港口也相应出现了大型化趋势。船舶的进一步大型化,意味着适应船舶的港口建筑规模、港口设备尺度和性能,以及航道和港口水域水深都要进一步增加。同时对港口集/疏运系统也提出了相应的要求,如铁路运输、高速公路运输、内河运输等也必须相应发展。

(三) 船公司发展支线与内陆运输,航线布局轴心化

一方面,船公司为了提高经济效益,必须尽可能减少挂靠港口,以增加航行速度,减少进出港的引航、拖船、吨税、泊位和燃料费用。另一方面,船公司还必须获得足够的货源。这两个因素促使船公司开始大力发展支线运输和内陆运输,例如中海集团为了在珠三角开拓货源,收购了珠三角最大的内河航运企业——五洲航运。

支线运输和内陆运输的发展催生了国际化的大码头,通过国际枢纽港将区域的支线网络和全球的干线运输连接起来,船公司的航线布局日益轴心化。

(四) 国际班轮运输趋于集中化和垄断化

由于托运人对承运人的要求越来越高,各大班轮将进一步优化资源配置、联合配船、优势互补、减少中转、信息共享、扩大规模经济、降低运输成本、提高服务质量等,为增强市场的竞争能力提供有效途径。随着航运企业间的联盟与并购越来越多,国际班轮运输的集中化和垄断化已成为当前和今后的一个重要发展趋势。

据统计,全球前20大集装箱班轮公司船队运力占全球运力的份额从2003年的60%上升到2011年的84%。国际集装箱运输市场的竞争格局将趋于由大型船公司及大联盟垄断,而大规模航运企业的涌现必然对航运服务机构产生重大影响,特别是对港口产生直接而深远的影响。

(五) 全球集装箱运输中心继续东移

全球经济中占有重要地位的东亚地区经济总体走势被普遍看好,东北亚和东南亚地区的许多港口抓住该地区的贸易发展高峰,及时发展集装箱码头基础设施建设,使港口集装箱吞吐量的发展达到前所未有的增长速度。

1970年,在排名前20位的世界集装箱港口中只有1个亚洲港口;2007年排名前30位的世界集装箱港口中有20个位于亚洲;2011年排名前20位的世界集装箱港口中有15个位于亚洲,其中有8个是我国内地的港口。

东亚地区集装箱的持续增长,也激励越来越多的国际集装箱船挂靠该地区的港口,该地区已成为全球港口集装箱吞吐量最大、增速最快的地区。

(六) 船公司从单纯的海运服务转向综合物流服务,开展多元化经营

全球经济一体化的发展,使国际企业合作更为活跃。在供大于求的航运市场中,船公司为了增强竞争力,必须不断提升服务水平和扩展服务范围。集装箱船公司通过参与码头建设,以及在全球建立自己的揽货、船代、中转与内陆运输网络,成为日益独立的运作主体。例如马士基在美国西部地区的塔科马、奥克兰和洛杉矶等港口,中远集团在中国的广州港和希腊的比雷埃夫斯港等,都在经营集装箱码头。

任务一　集装箱运输方案的整体设计

物流公司或外贸公司在面临一项货运任务时,首先要从宏观角度选择整体的货运方案。例如是选择集装箱运输还是选择非集装箱运输?是选择公路运输还是铁路运输,又或者是选择水路运输?本任务将练习如何设计一个整体的集装箱运输方案。

任务引入

小明是某物流公司刚入职的新员工,担任操作员一职。一天,接到业务部门新揽到的一个货运订单:受广州康意皮具制品厂委托,托运1 000件真皮女包到日本东京港,产品存放在广州市白云区人和镇某工业区的仓库里。

那么小明该如何设计一个整体的集装箱运输方案呢?

任务分析

货运的对象类型包括散货、液体货、件杂货等,待运货物的价值也高低不一,并不是所有货物都适合集装箱运输。大家要能够分辨哪些货物适合集装箱运输,哪些货物不适合集装箱运输,并根据实际情况组织实施集装箱运输。因为集装箱的特点是多式联运,所以还要注意各种运输方式之间的配合。

【相关知识点】

一、货物的分类

(一) 根据货物的物理形态分类

根据货物的物理形态,运输对象的货物可分为散货、液体货、件杂货等。

1. 散货

散货即在运输中其物理形态为细小的粉末状或颗粒状、块状的货物,主要有煤炭、矿粉、矿砂、粮食、化肥和水泥等。因为散货的运输数量通常很大,所以经常以散装的形式用船舶来装运。

2. 液体货

液体货即在运输中其物理形态为液态及气态(经压缩变为液态),装在容器中进行运输的货物,主要有石油、石油制成品、液化天然气、液化煤气等。

3. 件杂货

件杂货即经包装而形成袋装、桶装、箱装、捆装等形态,然后进行运输的货物。在所有的运输货物中,件杂货覆盖面最广,几乎包括了所有的制成品,例如机械设备、零部件等,另外还有人们的日常生活用品、服装、食品,以及农产品、水果、畜产品、鲜花等。

(二) 根据货物在运输过程中的操作手续分类

根据货物在运输过程中的操作手续,货物一般可分为普通货物和特殊货物。

1. 普通货物

普通货物一般称为百杂货,是指不需要用特殊方法进行装卸和保管,可按件计数的货物。其特点通常是批量不大、单价较高、具有较强的运费负担能力。普通货物经常用班轮进行运输。

普通货物根据其包装形式和货物的性质又可分为清洁货和污货两类。

1) 清洁货

清洁货是指清洁而干燥,在配积载、运输和储存时,货物本身无特殊要求,如与其他货物混载,不会损坏或污染其他货物。如罐头食品、纺织品、棉纱、布匹、橡胶制品、陶瓷器、漆器、电器、玩具等。

2) 污货

污货是指按货物本身的性质和状态,容易发潮、发热、风化、融解、发臭,或者有可能渗出液汁、飞扬货粉、产生害虫而使其他商品遭受损失的货物。如可能渗出液汁的兽皮,飞扬粉末的水泥、石墨,污损其他货物的油脂、沥青,生虫的椰子核、牛骨,发生强烈气味的胡椒、樟脑等。

2. 特殊货物

特殊货物是指在性质上、重量上、价值上、货物形态上具有特殊性,运输时需要用特殊集装箱装载或需要特殊处理的货物。

特殊货物包括以下多种货物。

(1) 冷藏货是指需用冷藏集装箱或保温集装箱运输的货物,如水果、蔬菜、鱼类、肉类、鸡蛋、奶油、干酪等。

(2) 活动植物是指活的家禽、家畜及其他动物,以及树苗、其他苗木等植物。

(3) 重货是指单件重量特别大的货物,如重型机械等。

(4) 高价货是指货物无论从容积或重量来计算,其价格都比较昂贵的货物,如生丝、绸缎、丝织品、照相机、电视机及其他家用电器等。

(5) 危险货是指货物本身具有易燃、易爆、有毒和腐蚀性、放射性等危险特性的货物。危险货物装箱装船时必须有特殊的安全措施。

(6) 液体货是指需要装在罐、桶、瓶等容器内进行运输的液体或半液体货。液体货易泄漏和挥发,容易出现污染其他货物的情况。

(7) 易腐货是指在运输途中因通风不良,或者遇高温、高湿等原因容易腐败变质的货物。

(8) 散货是指粮食、盐、煤、矿石等无特殊包装的散装运输的货物。随着集装箱运输的发展,水泥、糖等也可用集装箱散装运输。

(三) 根据是否适用于集装箱运输的角度分类

并不是所有的货物都适用于集装箱运输。从是否使用集装箱运输的角度,货物可分成以下四类。

1. 最佳装箱货

最佳装箱货是指物理与化学属性非常适合通过集装箱进行运输,货物本身价值非常高,对运费承受力非常大的货物。

2. 适合装箱货

适合装箱货是指物理与化学属性基本适合通过集装箱进行运输,货物本身价值一般,对运费的承受能力一般的货物。

3. 可装箱但不经济的货物

可装箱但不经济的货物是指物理与化学属性上可以装箱,但货物本身价值较低,对运费的承受能力较差的货物。

4. 不适宜装箱货

不适宜装箱货是指物理与化学属性不适宜装箱,对运费的承受能力很差,从经济上看不适宜通过集装箱运输的货物。

集装箱运输所指的适箱货源,主要是前两类货物。对于适箱货源,采用集装箱方式运输是有利的。

二、国际标准集装箱的用途分类

国际标准集装箱按照其用途,可分为以下几个类别。

(一)杂货集装箱

杂货集装箱又称为干货箱,是一种通用集装箱,适用范围很大,除需制冷、保温的货物与少数特殊货物外,只要在尺寸和重量方面适合用集装箱装运的货物,均可用杂货集装箱装运,如图1-1所示。在结构上,杂货集装箱的门均具有水密性,可270°开启。

图1-1 杂货集装箱

图1-2 敞顶集装箱

(二)敞顶集装箱

敞顶集装箱主要适用于装载大型货物和重型货物,如钢材、木材、玻璃等。可用吊车从箱顶吊入箱内,避免像一端开门或两端开门的通用集装箱一样,只能从一端装货。这种集装箱不易损坏货物,可减轻装箱的劳动强度,又便于在箱内把货物固定,如图1-2所示。这是一种特殊的通用集装箱,除箱顶可以拆下外,其他结构与通用集装箱类似。

(三)台架式集装箱

一般来说,台架式集装箱没有箱顶和侧壁,可以用吊车从顶上装货,也可以用叉车从箱侧装货,适合于装载长大件和重件货,如重型机械、钢材、钢管、木材、钢锭、机床及各种设备,如图1-3所示。

(四)保温集装箱

为了运输需要冷藏或保温的货物,保温集装箱的所有箱壁都采用导热率低的材料。

1. 冷藏集装箱

冷藏集装箱是指具有制冷或保温功能,可用于运输冷冻货或低温货,如鱼、肉、新鲜水果、蔬菜等食品的集装箱,如图1-4所示。冷藏集装箱可分为可制冷和只有保温功能的集装箱两类。

图1-3 台架式集装箱

图1-4 冷藏集装箱

2. 隔热集装箱

隔热集装箱是为载运水果、蔬菜等货物,防止温度上升过快,以保持货物鲜度而具有充分隔热结构的集装箱。通常用冰作制冷剂,保温时间为72 h左右。

3. 通风集装箱

通风集装箱适于装载球根类作物、食品,以及其他需要通风、容易汗湿变质的货物。当船舶驶经温差较大的地域,通风集装箱可防止由于箱内温度变化造成结露和汗湿而使货物变质,如图1-5所示。

通风集装箱外表与杂货集装箱类似,其区别在于在侧壁或端壁上设有4~6个通风口,其通风方式一般采用自然通风,有的通风集装箱为了排出污水,还设有排水口。如将其通风口关闭,通风集装箱可作为杂货集装箱使用。

(五)散货集装箱

散货集装箱主要用于装运粮食、粒状货物等,也可用于装运普通的件杂货,如图1-6所示。它的外形与杂货集装箱相近,在一端设有箱门,同时在顶部设有装货口,在箱门的下方还设有卸货口。散货集装箱除端口水密以外,箱顶的装货口与端门的卸货口也具有很好的水密性,可以有效防止雨水侵入。

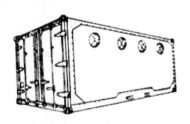

图1-5 通风集装箱

图1-6 散货集装箱

(六)罐式集装箱

罐式集装箱是专门装运油类、酒类、液体食品及液态化学品的集装箱,还可以用来装运酒精和其他液体危险品,如图 1-7 所示。罐式集装箱由罐体和箱体框架两部分构成。罐体顶部设有装货口,装货口的盖子必须水密,罐底有排出阀。

(七) 动物集装箱

动物集装箱是指装活家禽、活家畜等活动物用的集装箱。箱顶采用胶合板覆盖,侧面和端面都有金属网制窗,以便通风良好,侧壁的下方设有清扫口和排水口,便于清洁,如图 1-8 所示。

图 1-7 罐式集装箱

图 1-8 动物集装箱

(八) 汽车集装箱

汽车集装箱主要用于装载小型轿车,如图 1-9 所示。一般在简易箱底上装一个钢制框架,设有端壁和侧壁,箱底采用防滑钢板,其结构如图 1-10 所示,一般有单层和双层两种。

图 1-9 装载小型轿车的汽车集装箱

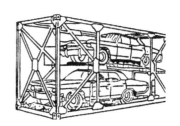

图 1-10 汽车集装箱结构

(九) 组合式集装箱

组合式集装箱又称子母箱,如图 1-11 所示。它的结构是在独立的底盘上,箱顶、侧壁和端壁可以分解和组合,既可以单独运输货物,也可以紧密地装在 20 ft 和 40 ft 集装箱内,作为辅助集装箱使用。

(十) 服装集装箱

服装集装箱是杂货集装箱的一种变型,是在集装箱内侧梁上装有许多横杆,每根横杆垂下若干绳扣,成衣利用衣架上的钩,直接挂在绳扣上,如图 1-12 所示。服装集装箱有单层、双层、三层、四层之分。

这种服装运输方法无需包装,节约了大量的包装材料和费用,也节省了包装劳动。将横杆的绳扣收起,这类箱就能作为普通杂货箱使用。

(十一) 其他用途集装箱

集装箱的应用越来越广泛,集装箱的种类也越来越多。其他用途集装箱有流动电站集装箱、流动舱室集装箱、流动办公室集装箱等。

图 1-11　组合式集装箱

图 1-12　服装集装箱

实训练习

实训目标

掌握各种用途的集装箱的特点,能够根据实际情况设计整体集装箱运输方案。

任务导入

广东省某货运集团公司本月的货运任务如下:20 t 散装玉米从韶关托运到印度孟买港;$2.0×10^5$ t 无烟块煤从秦皇岛托运到广州;4 t 化肥(160 袋,每袋 25 kg)从茂名托运到南非开普敦港;2 t 天然气从东莞托运到新加坡;$5.0×10^5$ t 石油从科威特托运到中石油深圳各营业点;500 台空调从惠州托运到巴基斯坦的卡拉奇港;20 头良种赛马从广州托运到澳大利亚的悉尼港;1 t 红玫瑰和 500 台彩电从广州托运到香港;2 t 虾仁从湛江托运到上海;1 000 套高档西服从广州托运到英国伦敦;50 台推土机从佛山托运到坦桑尼亚的达累斯萨拉姆港;100 套台式计算机从东莞托运到重庆。

请为该货运集团公司设计整体的集装箱运输方案。

项目小结

本项目涉及知识点包括集装箱运输的特点、各种用途集装箱的特点等,学生在掌握以上知识点的前提下,可以参考本节实例分析,对一项具体的货运任务进行分析,设计整体的集装箱运输方案。在设计整体的集装箱运输方案的时候,还要考虑集装箱运输门到门和多式联运的特点,考虑多种运输方式的结合使用。

通过本项目的学习,使学生对集装箱运输有了整体的感性认识,为以后各项目的学习打下基础。

项目二
集装箱运输市场的开发

CONTAINER
TRANSPORT
PRACTICE

项目目标

(1) 了解航运市场体系及集装箱班轮运输市场的基本结构。
(2) 了解揽货的基本程序。
(3) 掌握集装箱班轮公司组织及运营的基本内容。
(4) 掌握集装箱配备与租赁业务流程。
(5) 能够根据班轮公司预测年份的集装箱预计需求量来确定班轮公司的集装箱自备量、租用量等数据。
(6) 能够根据班轮公司航线运营的业务数据计算该航线需配备集装箱的数量。
(7) 能够独立核算集装箱水路运输费用。

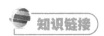

一、航运市场概念与体系

(一) 航运市场概念

由于世界各地区的资源分布不均衡,各国、各地区的经济发展水平和消费水平也不平衡,因此,国际的这种不平衡需要通过贸易活动加以调节。这类贸易活动形成的货物流动(包括货物种类、流向和流量)构成了对海上运输的需求。航运业提供的船舶运输劳务形成了"航运供给"。这种供给配合需求、船货供求结合的活动组成了航运市场。

航运市场既是国际贸易的派生市场,同时也是国际市场的重要组成部分。它与其他国际市场一样,从市场形态、市场格局到市场的运行机制都受供给与需求规律的支配。所以,国际航运市场的微观概念就是在不同国家或地区之间,以航运劳务需求与航运劳务供给的供需关系为结合、调整、运作对象,进行航运交易的活动及其场所。

(二) 航运市场体系

国际航运市场体系是相互联系的各类航运市场所组成的有机统一体。从运输服务的微观角度看,它是由直接为运输服务的运输市场和维持运输市场基本运转的要素市场共同组成的航运基本市场。从运输服务的宏观角度看,除了航运基本市场外,它还包括与基本市场相关的,支持要素市场、运输市场的运行与发展的相关市场——买卖船市场、造船市场、修船市场、拆船市场等。航运基本市场中的运输市场主要包括定期船市场和不定期船市场。定期船市场主要由集装箱班轮市场和杂货班轮市场构成,不定期船市场主要包括油轮运输市场和干散货运输市场。航运基本市场中的要素市场主要由租船市场、航运信息市场、航运金融市场和船员劳务市场构成。国际航运市场体系可用图2-1来描述。

(三) 不定期船市场与定期船市场

不定期船市场是海上运输从贸易活动中分化出来的初期唯一存在的市场形态,是以不定期船提供运输服务,满足运输需求的市场。其主要特点如下:不固定航线和挂靠港口;没有预订的

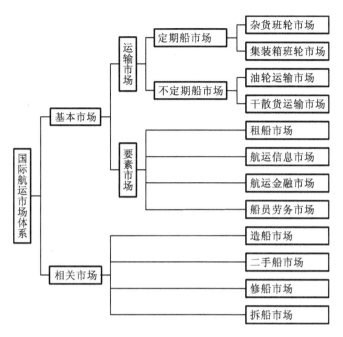

图 2-1 国际航运市场体系图

船期表和费率;以租船合同确定其航线、租期、费率。

定期船市场是海上运输发展到一定阶段的产物。随着世界经济和国际贸易的发展,工业产品、半成品、食品工业的产品和其他高价值商品,以及邮件、包裹等件杂货的运量迅速增加,这些货物对海上运输的要求不仅有较快的运输速度和较高的运输质量,而且要求能有规则地、不间断地组织运输,以适应消费的需要。因此,就出现了在固定航线上挂靠固定港口,按照公布的船期表进行规则运输的定期船,或者叫做班轮运输。

二、集装箱运输市场定义与结构

(一) 集装箱班轮运输市场定义

现代经济学认为,市场为所有买卖关系的总和。从这个角度来讲,集装箱班轮运输市场即集装箱船、货供求的总和,其中以集装箱班轮公司为供给主体,适合集装箱装运的进出口货方则构成了需求主体。

(二) 集装箱班轮公司

目前世界上经营集装箱班轮运输的船公司有上千家,绝大多数是经营特定航线或区域支线运输的中小公司。从事全球性洲际班轮航线的船公司有近 50 家,其中最大的 20 家班轮公司,截至 2011 年 11 月,共拥有集装箱船 3 414 艘,箱位 1.318×10^7 TEU,占整个世界集装箱运输市场份额的 84%,在世界集装箱运输中占主导地位。观察前 20 家班轮公司的发展轨迹,可以看出其所占份额是不断增长的,而且其成员也是不断变化的:欧洲地区的班轮公司正逐渐减少,而东亚地区(包括东南亚)班轮公司规模发展十分迅速。

进入 21 世纪以来,班轮公司实现全球性联营的航运联盟成为航运市场的主旋律。几年时间里先后进行了多轮联盟重组。全球 6 大航运联盟集团在东西主干线上控制着 80% 的货源,其成员基本包括了前20位的班轮公司,这6大联盟是新世界联盟(美国总统轮船、商船三井、现代商船)、伟大联盟(赫伯罗特、日本邮船、东方海外、铁行渣华、马来西亚国际)、马士基海陆、中远/川崎/阳明、联合联盟(朝阳、韩进、胜利、阿拉伯联合航运)、长荣集团。联盟成员之间通过联合派船和互租舱位的方式,在航线设置、资源优化、成本调整等方面取得了成功。另外,世界集装箱运输3大干线为北太平洋航线、北大西洋航线、远东—欧洲航线,这些航运联盟集团在这3大干线上各有侧重地进行经营,大型集装箱船几乎全部投入到这3大干线上。

(三) 集装箱班轮运输需求方

集装箱班轮运输需求是指在一定时期内、一定的运价水平下,地区或国家之间的贸易对集装箱班轮运输能力和劳务的需求。需求的消费者是指从事商业贸易活动的适合集装箱装运货物的货主或其代理人。

如前所述,定期船市场运输的主要货物是工业产品和其他高价值商品。随着世界工业产品贸易的发展,定期船尤其是集装箱班轮运输的规模迅速扩大,尽管货物运输总量所占比例仍然无法与不定期船市场相抗衡,但其承运货物的价值却相当于世界海运贸易总量的80%。正是国际贸易中工业制成品交易规模的不断扩张,推动了集装箱运输发展阶段的演进和主要航线的开辟。

加入世界贸易组织以来,我国集装箱市场在良好的经贸形势带动下,持续保持强势,无论是国际集装箱运输还是内贸集装箱运输都出现了前所未有的火爆场面。全球主要班轮承运人或联营体等,纷纷在中国以新辟航线或增挂港口、加大运力投入、加强营销管理、开发内陆市场为手段,进一步加大了对中国市场的开发力度。2011年尽管受国际金融危机和欧债危机的影响,但我国外贸集装箱运输却逆势上扬,规模以上港口集装箱出口量累计达到 1.67×10^8 TEU,占世界集装箱一半的运量。

任务一 集装箱班轮运输航线设计

　　对于船公司来说,进行市场考察、开发集装箱运输航线、发布集装箱运输船期表、组织集装箱海上运输是核心工作。
　　根据市场情况成功设计集装箱运输的航线也是船公司运营成功的关键,那么如何设计集装箱运输航线,发布集装箱运输船期表呢?本任务我们将一起来学习这些内容。

任务引入

　　Candle是某航运公司业务部门总经理,随着亚太地区集装箱运输业务的不断发展和港口吞吐量的持续增长,公司抽调得力的人手与资源,决定开辟一条亚太地区的集装箱班轮运输航线。

该航线的船舶为 HANJIN BASEL、HANJIN CHICAGO、TIAN LI HE、SAN FRANCISCO BRIDGE,共四条全集装箱船。航线要求依次挂靠上海、宁波、香港、深圳蛇口、新加坡(Singapore)、泰国曼谷(Bangkok),再依次返航。已知上海到宁波的航程为 12 h,宁波到香港的航程为 48 h,香港到蛇口的航程为 3 h,蛇口到新加坡的航程为 96 h,新加坡到曼谷的航程为72 h,相同路程往返的时间一样。船舶于北京时间 3 月 1 日早 8 点在上海港首航,在每个港口挂靠 20 h。请根据航程时间和船舶的数量,合理安排发船间隔。请你帮 Candle 设计一条亚太地区的集装箱班轮运输航线的船期表。

根据集装箱班轮船期表的编制原则,先由船舶数量和往返时间确定发船间隔,再依次确定每艘船的船期。

【相关知识点】

一、集装箱水路运输分类

集装箱水路运输可按不同的标准分类,具体有以下几种分类方式。

(一) 按经营方式分类

按经营方式分类,集装箱水路运输可分为定期船运输和不定期船运输两类,但绝大部分属于定期船运输。

1. 定期船运输

定期船运输又称班轮运输,是指班轮公司将船舶按事先制定的船期表,在特定航线的各挂靠港口之间,为非特定的众多货主提供规则的、反复的货物运输服务,并按运价本或协议运价的规定计收运费的一种营运方式。

效益好的航线,有的开周班,有的开半月班或月班。航班的安排主要是视航线的效益情况而定,船舶的大小视货量而定。定期船运输的特点是四固定:航线固定、挂靠港固定、船期固定、运价固定。

2. 不定期船运输

不定期船运输也称租船运输,是一种既没有事先制定的船期表,也没有固定的航线和挂靠港,而是按照货主对运输的要求,组织货物运输,并根据租船市场行情确定运价或租金水平的一种经营方式。

不定期航班从货运安排上比较灵活,哪里有货就往哪里去,当然,最好是在船舶卸空的就近港口或附近港口安排再次运货,以节省船舶费用。

租船运输的货物大部分都是大宗货,以整船整舱的方式运输。

(二) 按集装箱航线的地位分类

按集装箱航线的地位分类,集装箱水路运输可分为干线运输和支线运输两类。

1. 干线运输

干线运输是指相对固定的世界主要集装箱航线的运输。

干线运输一般货源稳定、运量大、班轮公司的实力强大、挂靠港数量少、挂靠港装卸能力强、经济腹地经济总量庞大、对货物的消化能力强或中转能力强。

目前世界主要的集装箱航线有三条,即远东—北美航线,远东—欧洲、地中海航线和北美—欧洲、地中海航线。这三条航线的集装箱水运数量占了世界集装箱水运总量的大部分。

2. 支线运输

支线运输是指在某些区域内的集装箱运输,如在亚洲区域内集装箱支线运输、欧洲与非洲之间的支线运输、北美自由贸易区的支线运输等。

这些支线运输,一方面是对干线运输的中转,干线船队将某些集装箱卸在一些主要挂靠港,然后由这些挂靠港将货物通过支线船运往不挂靠的港口;另一方面是满足区域贸易的需求,将区域内各国之间贸易的货物进行交叉运输。

(三)按集装箱运输的地域分类

按集装箱运输的地域分类,集装箱水路运输可以分为集装箱海运和集装箱内河运输。

1. 集装箱海运

集装箱海运包括集装箱远洋运输和集装箱沿海运输。这类运输使用船舶吨位大、运量大、效率高,在集装箱水路运输中占主要地位。

2. 集装箱内河运输

集装箱内河运输一般又称为内支线运输,是指在主要河流、湖泊中进行的集装箱水路运输。这类运输通常使用较小的船舶或驳船进行运输,以便适应较浅的水域和复杂的航道。

我国集装箱内支线运输意义重大。这是因为我国内河水系发达,有很多河流、湖泊可以进行集装箱内支线运输,所以集装箱内河运输是一种适合我国国情的水路运输方式,在我国内河、湖泊有很好的发展前景。

二、集装箱班轮运输的发展特点

集装箱班轮运输行业是一个周期性的行业,每年的圣诞节前夕是运输的旺季,7、8月份是运输的淡季。进入21世纪,班轮运输的发展是:挑战与机遇并存。

一方面,班轮运输的发展也面临巨大压力。2007年以来,美国次贷危机对全球经济和贸易的发展产生巨大影响,多条航线上出现了供大于求的局面;班轮船公司在多条航线上面临持续的货源装载压力,运价持续下滑;不断高涨的油价成本,以及集装箱运输系统第三方不断加大利益分享,如铁路公司、码头、装卸公司等不断上调成本,给班轮船公司的经营带来巨大的压力。为了应对日益激烈的市场竞争,船公司通过虚拟加船、大船替代小船来消化一部分运力,节约运输成本;发展支线船与内陆运输和配套物流服务业,强化全球供应链网络,增加和保证集装箱船舶的货源。

另一方面,全球集装箱班轮运输的运力规模逐年增长。集装箱班轮运输具有全球化、规模化、网络化、大船化等特征,所以规模化经营是班轮公司适应市场发展趋势的必然选择,全球集装箱班轮运力的规模化经营,伴随着集装箱班轮公司之间的整合并购,例如:2016年2月18日上午,中国两大航运巨头中国远洋和中国海运选择以重组的方式抱团突围,中国远洋海运集团有限公司在上海正式宣告成立。近年来全球班轮业部分并购事件如表2-1所示:

表 2-1　集装箱班轮公司并购事件表

年份	收购方	收购对象
1996	英国铁行航运	荷兰皇家渣华航运
	达飞 CMA	法国海运总公司 CGM
1997	韩进海运	德国胜利航运
	加拿大太平洋轮船	莱克斯航运、Contship
	东方海皇	总统轮船
1998	铁行渣华	蓝星航运
	长荣海运	意大利邮船
	达飞轮船	澳大利亚国家航运公司
1999	马士基航运	南非航运、美国海陆公司
	铁行渣华	荷兰塔斯曼东方航运公司
	达贸航运	OT 非洲航运
	汉堡南方	Transroll、南太平洋航运
2000	太平洋轮船	加拿大非洲航运
	智利航运	诺亚航运
2002	马士基航运	Torm 航运
	万海航运	跨太平洋航运
2003	达飞轮船	AWS 欧洲航线
	马士基航运	SCF 东方航运
2005	马士基航运	铁行渣华
	赫伯罗特	加拿大太平洋轮船
	达飞轮船	达贸航运、安达西非航运、森特马
2007	达飞轮船	正利航业
2014	赫伯罗特	南美轮船
	汉堡南美	智利航运
2015	达飞轮船	东方海皇
2016	中远集运	中海集运

根据法国海运咨询机构 Alphaliner 公司的统计,截止至 2016 年 2 月 24 日,全球排名前 20 位的集装箱班轮公司所占世界市场总份额上升至创纪录的 84.1%,其中马士基航运排名第一,地中海航运排名第二,法国达飞轮船排名第三,合并后的中远海运排名第四;尽管大型班轮公司占有越来越大的优势,但该行业仍然竞争激烈,没有任何一家集装箱班轮公司控制 15% 以上的市场份额,其排名如表 2-2 所示:

表 2-2 全球前 20 位集装箱班轮公司排名

排名	船公司	占全球运力份额	总运力 TEU	总运力 艘数	自有船舶 TEU	自有船舶 艘数	租赁船舶 TEU	租赁船舶 艘数
1	马士基航运（MAERSK，丹麦）	14.8%	3,020,756	585	1,776,317	266	1,244,439	319
2	地中海航运（MSC，瑞士）	13.1%	2,675,406	490	1,052,351	190	1,623,055	300
3	达飞轮船（CMA CGM，法国）	8.8%	1,798,496	454	595,492	87	1,203,004	367
4	中远海运（Cosco Shipping，中国）	7.7%	1,561,339	291	938,481	145	622,858	146
5	长荣海运（EVERGREEN，中国台湾）	4.5%	927,428	189	548,041	105	379,387	84
6	赫伯罗特（HAPAG-LIOYD，德国）	4.5%	917,185	171	502,501	69	414,684	102
7	汉堡南美（HAMBURG SüD，德国）	3.2%	649,544	132	292,311	44	357,233	88
8	韩进海运（HANJIN，韩国）	3.0%	611,138	99	274,078	37	337,060	62
9	东方海外（OOCL，中国香港）	2.8%	570,860	104	371,115	51	199,745	53
10	商船三井（MOL，日本）	2.7%	561,201	95	151,316	22	409,885	73
11	阿拉伯轮船（USAC）	2.7%	549,124	58	407,342	38	141,782	20
12	美国总统（APL，新加坡）	2.6%	531,730	85	416,095	53	115,635	32
13	阳明海运（YANG MING，台湾）	2.5%	514,400	96	196,481	42	317,919	54
14	日本邮船（NYK，日本）	2.4%	493,489	98	272,872	47	220,617	51
15	现代商船（HYUNDAI，韩国）	1.9%	393,665	55	165,080	22	228,585	33
16	川崎汽船（K LINE，日本）	1.9%	380,409	66	80,150	12	300,259	54
17	以星航运（ZIM，以色列）	1.7%	348,487	79	32,053	7	316,434	72
18	太平船务（PIL，新加坡）	1.7%	347,719	140	298,682	122	49,037	18
19	万海航运（Wan Hai，中国台湾）	1.0%	212,071	87	168,523	71	43,548	16
20	X-Press Feeders Group（巴基斯坦）	0.6%	129,940	89	22,064	17	107,876	72

三、集装箱班轮运输的组织

集装箱班轮运输的组织,一般从对象、方式、程序三个角度进行考虑与构架。

(一)集装箱班轮运输的货物与货源调查

集装箱班轮运输货源调查主要考虑以下几个因素。

1. 腹地经济发达程度和人口稠密程度

经济发达程度与人口稠密程度必须同时予以考虑。人口稠密地区进出口商品流量相对会比较大,但其中的适箱货比例不一定很高。只有经济达到一定的发达程度,适箱货比例才会相应提高,集装箱化程度也会比较高。

2. 周边地区集装箱多式联运发展的程度

沿海和沿河地区:需考虑世界主要集装箱班轮航线和国内沿海支线、内河支线的走向,以便确定本地区在整个集装箱班轮运输网络中的地位和发展前途。

内陆地区:应调查周边集装箱铁路办理站、公路中转站和集装箱货运站的设置、规模、主要流向,这样就可确定本地区开展集装箱运输的可能性、揽货的方向、形成货流以后最经济的处理方法和流向。

3. 政府运输政策和布局

集装箱运输特点:大投资、大布局、多式联运网式运输。特定地区集装箱运输的开展通常与政府的运输政策存在密切关系。因此,货源的调查,一定先要收集政府相关宏观政策与布局的资料,要与政府的宏观控制同步规划和发展。

(二)集装箱班轮运输的配船和挂靠港

集装箱班轮运输的航线设计和挂靠港的确定,一般采取和考虑以下一些相应因素。

1. 集装箱班轮运输航线配船

航线配船是指在运输航线上如何最合理地配置船型、船舶规模及其数量,使其不仅能满足每条航线的技术、营运要求,而且能使船公司获得良好的经济效益。

因此,所配船舶的技术性能和营运性能,应与航线上的货物种类、流向及船舶挂靠港口的状况相适应。

一般来说,干线上的集装箱船舶越大,支线运输距离越长,中途港的装卸量越小,则用支线船运输更为有利。

以上是从港口的角度来考虑使用船舶的问题。接下来将从船舶的角度来考虑以下一些具体问题。

(1)在考虑航线配船时应注意船舶的航行性能是否适应航线的营运要求;船舶的尺度性能要适应航道水深、泊位水深;船舶的结构性能、装卸性能及船舶设备等,应满足航线货源及港口装卸条件的要求。

(2)必须遵循"干线配大船"的原则。在适箱货源充足、港口现代化水平高的集装箱航线上,应配置大吨位集装箱船;而在集装箱化程度不高、集装箱货源较少或处于集装箱运输发展初期的航线上,则宜使用中、小型半集装箱船或多用途船。

(3)在航行条件允许的条件下,发船间隔越大、航行班次越少、船舶数量越少,那么需要配备的船舶规模就越大。在发船间隔或航行班次一定的情况下,船舶规模与货运量成正比,即货运量越大船舶规模也越大。在货运量和发船间隔一定的情况下,船舶规模与往返航次的时间和船舶数有关,即船舶规模与往返航次的时间成正比。当船舶数和挂靠港数目不变时,航线上航速越快,往返航次时间就越短,那么需要配备的船舶规模就越小。

(4) 在我国广阔的内河水系进行内支线集装箱运输时,应考虑河道航运条件、沿河港口装卸条件、配用集装箱拖驳船队等。可采用带独杆吊的集装箱驳船,这样即使在没有集装箱起重设备的港口也可进行集装箱装卸。

2. 航线挂靠港的确定

所谓集装箱航线的挂靠港,是指一条集装箱航线沿途停靠的港口。船舶的停靠与火车、汽车的停靠不同,进港和出港的消耗时间很长,所以正确确定集装箱班轮运输航线的挂靠港,通常决定了该航线营运的成功。选择挂靠港通常应从以下几个方面考虑。

1) 地理位置

挂靠港应在集装箱航线上或离航线不远。挂靠港应与铁路集装箱办理站与公路集装箱中转站靠近,便于集装箱多式联运的开展,挂靠港应有开辟沿海支线运输与内支线运输相对有利的条件。

2) 货源与腹地经济条件

这是选择挂靠港最重要的因素。挂靠港所在地区经济应较发达,本地进出口的适箱货源较多,经济腹地消化的适箱货源量大。要达到以上条件,挂靠港通常应依托经济发达、人口稠密的大城市,优先考虑沿海大城市为挂靠港。

3) 港口自身条件

港口自身条件是指港口的水深、航道的水深、港口泊位的数量、泊位长度、装卸机械配备精良、装卸机械数量、港口管理效率、现代化程度、集装箱堆场、货物疏运等。了解以上港口条件后,才可以配备该航线的船型。

4) 其他相应条件

一个良好的挂靠港,还应有发达的金融、保险等企业,有各类中介服务企业和设施,便于集装箱运输各类相关业务的开展。

(三) 集装箱班轮船期表编制

集装箱班轮运输具有速度快、装卸效率高、码头作业基本不受天气影响等优点,所以相对于其他班轮的船期表,集装箱班轮的船期表可以编制得十分精确。班轮船期表的内容通常包括航线、船名、航次编号、始发港、中途港、终点港港名、到达和驶离各港的时间,其他相关事项等。编制船期表通常有以下几个基本要求。

1. 船舶的往返航次时间(班期)应是发船间隔的整数倍

船舶往返航次时间与发船间隔时间之比,应等于航线配船数。很明显,航线上投入的船舶数必须是整数,所以船舶往返航次时间应是发船间隔的整数倍。在实际操作中,按航线参数及船舶技术参数计算得到的往返航次时间,往往不能达到这一要求,多数情况下是采取延长实际往返航次时间的办法,人为地使其成为倍数关系。

2. 船期表要有一定弹性

在制定船舶运行的各项时间时,均应留有余地。因为海上航行影响因素多,条件变化复杂。在港口停泊中,因装卸效率变化、航道潮水影响等,对船期也会产生复杂的影响,对这些问题,都应根据统计资料和以往经验,留有一定的余地,保持足够的弹性。

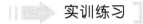

实训目标

了解集装箱水路运输航线配船的原则、航线挂靠港的确定,能够独立编制集装箱班轮运输船期表。

任务导入

某航运公司计划开辟一条中国到欧洲的集装箱班轮运输航线,该航线的船舶为 DS ABILITY、AS SAVONIA、CAPE NORVIEGA、UNI-ARISE、CONTI HARMONY,共 5 艘全集装箱船。

该航线挂靠港口:中国上海、中国香港、中国南沙、新加坡、西班牙阿尔赫西拉斯(Algeciras)、德国汉堡(Hamburg)、荷兰鹿特丹(Rotterdam)、英国费利克斯托(Felixstowe)、新加坡、中国南沙、中国香港、中国上海。已知上海到香港航程48 h,香港到南沙航程10 h,南沙到新加坡的航程100 h,新加坡到阿尔赫西拉斯航程10 d,阿尔赫西拉斯到汉堡航程100 h,汉堡到鹿特丹航程40 h,鹿特丹到费利克斯托航程24 h,费利克斯托到新加坡航程16 d,相同路程往返的时间一样。船舶于北京时间5月1日早8点在上海港首航,在每个港口挂靠20 h。请根据航程时间和船舶的数量,合理安排发船间隔。

(1) 请你为该航运公司设计该条中国到欧洲的集装箱班轮运输航线的船期表。

(2) 该航运公司在淡季时为降低油耗、减少运营成本,采取经济航速航行,如果经济航速为原航速的2/3,为了维持原发船间隔不变,需要增加几艘船?增加船舶后,请为该航运公司制定新的船期表。

(3) 该航运公司从北美航线调来3艘闲置的集装箱船 Linghe、Jiahe 和 Alaska,加入该航线运营,为了维持原发船间隔不变,需要如何调整航速?调整航速后,请为该航运公司制定新的船期表。

任务二　船公司箱务管理

箱务管理是船公司的核心工作之一,对于船公司来说具有重大意义。

从船公司的角度而言,集装箱是船舶设备的一部分,是可以脱离船舶成为一个独立的成组货运工具。为了开展集装箱运输,船公司通常购置或租用大量的箱子,以供货主装货用。一定时期内的租箱总量需要在确定用箱总量的基础上,根据成本效益等原则划分自备箱量和租箱量,然后再进一步确定长期和短期租箱量,也要注意程租和期租结合使用。

子任务一:某集装箱班轮公司根据以往的用箱量数据和本年度的经济预期,预计了下一年度每月用箱量,如表2-3所示,根据最小自备量原则,请确定该公司下一年的年度最低自备箱量、年度租箱总量、年度长期租箱量和年度短期租箱量。

表2-3 某集装箱班轮公司下一年度月预计用箱量

月 份	1	2	3	4	5	6
月用箱量/(万TEU)	5.1	3.1	3.8	3.6	5.4	2.8
月 份	7	8	9	10	11	12
月用箱量/(万TEU)	5.7	4.4	5.6	3.8	5.8	4.9

子任务二:某集装箱班轮公司在其经营航线上配置3艘载箱量为2 500 TEU的集装箱船舶,船舶往返航次时间为30 d。集装箱在内陆周转的情况如下:在端点港A较理想,平均港口堆存期和内陆周转时间之和为7 d;在端点港B,集装箱内陆周转情况随集装箱返抵港口的天数与返抵箱量的变化而变化,其中,60%的箱量在10 d之内返抵港口待装船;30%的箱量在10~20 d内返抵港口待装船,其余10%的箱量在20~30 d内返抵港口待装船。如果船舶载箱利用率为80%,试求集装箱船公司在该航线上需配备多少TEU的集装箱?

【相关知识点】

一、集装箱班轮公司的置箱策略

集装箱箱务管理涉及集装箱配置、租赁、调运、保管、交接、发放、检验、修理等多项工作。由于集装箱是一种较昂贵的设备,一个20 ft的标准箱购置价在2 400美元左右,所以合理配置集装箱,做好相关的箱务管理工作,提高集装箱的利用效率,降低有关的费用,是提高集装箱运输经济效益的一个重要方面。

在班轮航线集装箱配置数量可大致估算的情况下,班轮公司考虑自身的投资能力、管理能力和经济效益,通常也不全数配备所需的箱量,一般的"置箱策略"有以下三种。

1. 需配置箱量全部由班轮公司自备

采取这种策略的班轮公司数量不是很多,原因是:一艘船需配置的箱量通常是其满载箱量的三倍左右,班轮公司用于购船已花费巨额投资,再为置箱花费巨额投资,既难以负担,又增加了投资的风险;巨大的置存箱量将给班轮公司带来非常沉重的箱务管理工作量,在很大程度上会分散班轮公司的管理精力。

2. 需配置箱量部分由班轮公司自备

这是一种灵活而合理的操作方法,多数班轮公司采用这种方法。根据班轮公司的规模、航线特点,各班轮公司在自备箱量与租箱量的比例上又有有不同,采用的具体租赁方法也不同。

3. 需配置箱量全部向租箱公司租入

这是另一种极端的做法。这样做的好处是班轮公司可大大节约初始投资,降低投资的风险。现代经济变数众多,尤其是国际远洋运输往往变幻莫测,降低初始投资以规避风险,是一种聪明的选择。同时班轮公司可省去箱务管理的工作,专心从事航线运营。这样做的缺点是班轮公司的自主经营经常会受到租箱公司的牵制,由于自己完全没有自备箱,在租箱条件的谈判中,有时会处于不利地位。

二、集装箱租赁

集装箱租赁是指集装箱租赁公司与承租人,一般为海运班轮公司、铁路/公路运输公司等,签订协议,用长期或短期的方式把集装箱租赁给承租人。在协议执行期间,箱体由承租人管理使用,承租人负责对箱体进行维修保养,确保避免灭失。协议期满后,承租人将箱子还至租箱公司指定堆场。堆场对损坏的箱体按协议中规定的技术标准修复,修理费用由承租人承担。承租人按照协议向租箱公司承付提还箱费及租金。

集装箱租赁是一个长期稳定获利的业务,一直以来为欧美基金和投资人所青睐,其利润主要来源于付清集装箱生产成本、财务成本和管理成本后的其他租箱收益和集装箱处理残值。由于集装箱租赁行业需要巨额资金投资,专业性强,所以一般企业很难涉足。目前活跃在市场上的前12位的租箱公司大都为美、欧基金所经营和持有,中资的公司仅佛罗伦、景阳两家,注册地在香港。目前活跃在市场上的主要集装箱租赁公司有 Beacon、Triton、Textainer、Ge Seaco、Interpool、Cai、Capital、Cronos、Gateway、Gold 等。

(一)集装箱租赁的优势

集装箱租赁业务是为集装箱运输行业提供服务的,对于班轮公司来说,租箱与自行采购集装箱比较,具有下列几个优点。

1. 集装箱租赁的出租方

1)投资风险相对小

将资金投于集装箱船舶,开展航线运营,与将资金投于集装箱,从事集装箱租赁相比,后者的风险明显小于前者。因为水路运输市场对租箱量的需求相对稳定,而对特殊航线的需求相对波动大。而且投资于船舶,单位资金需求量比投资于集装箱要大得多。

2)加强了集装箱运输的专业化分工

专业集装箱租赁公司的出现与发展,实际上意味着集装箱运输本身专业分工的进一步细化,将箱务管理这一块业务独立出来,有利于箱务管理合理程度的提高,有利于集装箱更有效地调配、提高利用率、加强维修,从而降低费用,提高集装箱运输的经济效益,使集装箱运输方式的优越性得到更充分的发挥。

3)提高了集装箱的利用率

班轮公司自备的集装箱,一般只供某一特定班轮公司船舶与航线使用,其利用率总会受到一定的限制。调度得再好,也必定存在空箱调运的情况。对于规模较小的班轮公司,利用率不高、空箱调运占用大量运力的现象更是难以避免。而租箱公司则不然,其箱子可供各个班轮公司租用,所以箱子的利用率高,空箱调运次数通常明显低于班轮公司自备集装箱。

2. 集装箱租赁的承租方

1)可有效降低初始投资,避免资金被过多占用

班轮公司贷款购箱,初始投资巨大,背负沉重的利息负担;出资租箱,则只用少量资金就可

取得集装箱的使用权,投资风险大为降低。

2) 节省空箱调运费,提高箱子利用率

班轮公司自置集装箱,由于航线运量不平衡客观存在,必定要花费大量的空箱调运费,而且箱子的利用率会下降;而采用租箱,可避免产生这些费用。如班轮公司合理利用单程租赁、短期租赁与灵活租赁等方式,则既能满足对集装箱的需求,又节省租金,使公司经济效益得以提高。

3) 避免置箱结构的风险

班轮公司自备箱,其型号必须形成一定的比例,这就带来了置箱结构上的风险。因为航线所运货物的结构一变,虽然班轮公司总箱量没有减少,但由于对特定箱型需求的变化,仍会面临无法满足所需箱量的情况。采用租箱的方式,就可对所需特殊箱型随时予以调整,可规避由此带来的风险,如有时由于国际标准的修订,某些箱型被淘汰,班轮公司会由此遭受损失。

正是集装箱租赁这些显而易见的优点,使得租箱业务在全球迅速发展起来,租箱公司的箱量一直占全世界总箱量的45%以上。在中国,特别是近洋班轮公司和内贸线班轮公司的船队中,租箱量占总箱量的90%以上。

(二) 集装箱租赁方式选择

集装箱租赁有多种方式,目前最常见的是期租、程租和灵活租赁。

1. 期租

期租是指定期租赁的方式。按其租期的长短,期租可分为长期租赁和短期租赁两类。

1) 长期租赁

长期租赁一般指租期达3年至10年的租赁。根据租期届满后对集装箱的处理方式,长期租赁又可分为融资租赁和实际使用期租赁两种。

(1) 融资租赁(金融租赁):租期届满后,承租人支付预先约定的转让费(通常为一个象征性的较低的金额),将箱子所有权买下的租赁方式。这种租赁方式的实质是通过"融物"而进行融资。承租人表面上是租用集装箱,而实际上是向出租人借钱,购入集装箱。所以融资租赁租入集装箱,实际上和班轮公司自备箱没有太大的区别。

(2) 实际使用期租赁:这是一种最为实质的长期租赁,承租人在租赁合同期满后,即将箱子退回给出租人,是一种纯粹的"融物",不带任何融资的因素。

长期租赁的特点是承租人只需按时支付租金,即可如同自备箱一样使用;租期越长,单位租金越低。因此,对于货源稳定的班轮航线,采用这种方式租用一定数量的集装箱,既可保证航线集装箱需备量的要求,又可减少置箱费、利息及折旧费的负担,是一种比较经济的方式。因此,目前采用长期租赁方式较多。这种方式在租期未满前,承租人不得提前退租,但可在合同中附有提前归还集装箱的选择条款。对于租箱公司而言,采用这种方式可在较长的租期内获得稳定的租金收入,减少租箱市场的风险,也可减少大量的提箱、还箱等管理工作。

2) 短期租赁

短期租赁一般指租期在三年以下的租赁。这种租赁对班轮公司风险较小,较为灵活,但对于租箱公司而言则风险较大。所以对于"期租"来说,一般租期越短,单位租金越高。

2. 程租

程租是指根据一定的班轮航次进行租箱的租赁方式。这种方式对班轮公司灵活度大,对租箱公司相对不利。所以根据不同的实际情况，集装箱的单位租金会有很大的区别。程租又可分为单程租赁和来回程租赁两种。

1) 单程租赁

单程租赁指单一航程的租赁，其特点是从发货地租箱，到目的地还箱。采取从起运港至目的港的单程租用，一般适用于货源往返不平衡的航线，它可满足承租人单程租箱的需要。如果从缺箱地区单程租赁到集装箱积压地区，承租人需要支付较高的租金，因为此时租箱公司需要从集装箱积压地区往短缺地区调运空箱，租金中一般要包含空箱调运费，有时还需支付提箱费及还箱费。如果从积压地区租赁到短缺地区，因为租箱公司集装箱积压，产生很多费用，所以承租人可享受租金优惠，可较少支付甚至免除提箱费和还箱费，有时还可能在一定时间内免费租箱。单程租赁多用于同一条航线上来回程货源不平衡的情况，即从起运港至目的港单程使用集装箱。例如某船公司经营 A 港至 B 港的集装箱货物运输业务，A 港至 B 港的货运量较大，而 B 港至 A 港的货物运输所使用的集装箱较少，即来回程货运量不平衡。而该公司从 B 港至其他地区又没有集装箱运输业务，营运结果必然在 B 港导致空箱积压。在这种情况下，该公司可租用 A 港至 B 港的单程集装箱，这样既可节省空箱在 B 港的保管费，又可节约空箱从 B 港运回 A 港的运费等。

2) 来回程租赁

来回程租赁通常是指提箱、还箱同在一个地区的租赁方式，一般适用于往返货源较平衡的航线，原则上在租箱点还箱(或同一地区还箱)。租期可以是一个往返航次，也可以是连续几个往返航次。由于不存在空箱回运的问题，因而租金通常低于单程租赁。来回程租赁通常用于来回程有较平衡货运量的航线。该种租赁方式租期不受限制，在租赁期间，租箱人有较大的自由使用权，不局限于一个单纯的来回程。但是在实际操作过程中必须注意，使用来回程一般都对还箱地点有严格的限制。

3. 灵活租赁

集装箱的灵活租赁是指一种在租箱合同有效期内，承租人可在租箱公司指定地点灵活地进行提箱、还箱的租赁方式。它兼有期租和程租的特点，一般租期为一年。在大量租箱情况下，承租人可享受租金的优惠，租金甚至接近于长期租赁。在集装箱货源较多，且班轮公司经营航线较多，往返航次货源又不平衡的情况下，多采用这种租赁方式。

在灵活租赁的情况下，由于提箱、还箱灵活，因而给租赁公司带来一定的风险，所以在合同中规定有一些附加约束条件，如规定最短租期、基本日租金率等。一般最短租期不得少于 30 d，承租人须按租期支付租金。有时还可能规定起租额，如规定承租人在合同租期内必须保持一定租箱量，并按超期租额支付租金(即当实际租箱量少于起租箱量时采用)；规定全球范围内月最大还箱限额；规定最小月提箱量；规定各还箱地区的月最大还箱量等。

集装箱班轮公司应根据自身航线特点、货物特点、投资能力等确定自备箱量与租赁箱量的合理比例及通过一定方式租赁集装箱，以使自身取得最好的经济效益。选择集装箱租赁方式时，租箱人除根据自己的需要选择集装箱出租公司外，还应注意到几点：出租公司的业务范围、管理水平和信誉，对目的地还箱数量的限制规定，对租箱费率的调研、比较，对提箱费、还箱费的规定，对所租用箱的检查，有关合同责任条款和租金支付规定等。

(三) 空箱调运

集装箱租赁涉及进出口货主企业、海运班轮船公司、租箱中间人、代理人等多个实体，在实际操作过程中比较常见的是海运班轮船公司租箱,其产生的原因主要是空箱调运。每年全球集装箱空箱调运量占全部集装箱总运量的 20% 左右,部分航线空箱调运的比率甚至接近 50%。以跨太平洋航线为例:2001 年,东行货量为 7.41×10^6 TEU,西行货量为 3.71×10^6 TEU,不平衡总量为 3.7×10^6 TEU;按每个空箱调运成本(不包括装卸费、内陆拖运费、操作费等)400 美元计算,需要支付的空箱调运费约为 14.8 亿美元。如果考虑到堆存费及其他相关费用,实际发生的费用将远远超过这一数字。集装箱空箱调运及管理已经成为船公司提高竞争能力和经济效益,有效降低班轮船公司航线集装箱需备量和租箱量,降低运输成本的重要因素。

1. 空箱调运产生原因

产生空箱调运的原因很多,主要有以下五个方面。

1) 港口进出口箱量和箱型不平衡

世界各主要集装箱班轮公司的航线几乎都存在着货物运输的季节性变化及航线两端国家或地区的贸易不平衡等所引起的货流量不平衡的问题。如在跨太平洋航线上,由于美国与日本、中国等国家之间存在着巨大的贸易逆差,造成东行货流量远高于西行货流量;在远东至欧洲航线上,由于进出口货物种类和性质上的差异,以及运费和装卸费收费标准不同,造成了进出口箱型的不平衡,即日本多用 40 ft 集装箱向欧洲出口电器、化工产品这类轻货,而欧洲多使用 20 ft 集装箱向日本出口纸浆、食品、化学品等重货,使此航线上形成了西行 40 ft 集装箱运量大于东行 40 ft 集装箱运量。

2) 集装箱周转速度慢

集装箱周转期主要取决于港口堆存期和内陆周转时间。由于港口至内陆集疏运能力较差,集装箱内陆周转时间较长,加上因管理水平较低造成的集装箱单证流转不畅、交接手续复杂,货主不能及时提箱等原因,使港口严重压箱,大大影响了集装箱的周转。船公司为了满足货主的用箱要求和保证船期,不得不从邻近港口或地区调运空箱。

3) 租箱协议中有关退租地点的限制

港口进出口箱量和箱型的不平衡,使箱源分布不尽合理。为了避免或弥补班轮公司在租期届满后在集装箱积压地区退租所造成的损失,租箱公司在租箱协议中严格规定了集装箱的退租地点和退还箱限额,而退租费用也会因地而异。因此,班轮公司在租期届满时应将租箱调运至指定的还箱地点或还箱费用较低的地区,否则就必须向租箱公司支付高额的还箱费。

4) 区域间修箱成本和修箱标准的差异

因各区域修箱费用和各班轮公司对修箱要求的不同,班轮公司出于经济、质量或管理上的考虑,不得不将空箱调至修理成本较低或技术水平较高的修理厂家所在的港口或地区进行修理。

5) 管理方面的原因

如由于单证交接不全,流转不畅,影响空箱的调配和周转;又如货主超期提箱,造成港口重箱积压,影响到集装箱在内陆的周转,为保证船期,需要从附近港口调运空箱。

2. 空箱调运的成本

目前船公司普遍通过组建联营体,实现船公司之间集装箱的共享,强化集装箱集疏运系统,缩短集装箱周转时间,提高集装箱箱源供给率,以减少空箱调运。但是客观上货物流向、流量及货种的不平衡,使得箱体的不足在个别航线和地区成为一种常态,加之空箱调运涉及的空箱调运费、空箱卸港费及还箱手续费、还箱鼓励费、开放港口提箱控制及提箱费、派船调运空箱费、集装箱滞期费等多种费用,成本较高。因此,集装箱班轮公司在进行空箱调运和租箱决策时,主要考虑各自的利弊因素,如进行空箱调运可以减少因港口空箱积压而产生的高额堆存费;但缺箱地区采用即期租赁方式补充箱源时,尽管可以省去因空箱调运而产生的装卸费、拖运费等,然而如果不能及时安排退租,就需要多支付租金。租箱、调箱费用的相对高低是进行空箱调运和租箱决策的决定因素。

一般来说,租箱成本与空箱调运成本相等时,船公司既可以安排租箱,也可以安排空箱调运;当租箱费用大于空箱调运费用时,船公司采取空箱调运;否则,船公司会考虑租箱。

空箱调运的成本与租箱成本的计算如下。

1) 空箱调运成本计算

空箱调运费用是指安排空箱调运时发生的直接或间接的费用,包括以下费用:

(1) 拟调回空箱的装卸费及拖运费;

(2) 拟调回空箱中自有箱的成本(折旧、修理、管理费用分摊等);

(3) 拟调回空箱中租箱的成本(租金);

(4) 因空箱调运而牺牲的重箱运输收益,即重箱运费收入减去重箱装卸费用(当船舶有足够空余箱位,即 $s \geq m$ 时,其值为 0);

(5) 因空箱调运而提前周转所节省的堆存费。

为便于计算,做以下假设:

a——空箱调运成本;

b——拟租箱成本;

m——拟租箱量(即拟调回空箱量);

r——拟租箱的租金费率;

n——租期;

t——拟调回空箱的单位装卸费率及拖运费;

q——拟调回空箱中的自有箱量;

e——调回空箱中自有箱箱天成本;

s——船舶的空余箱位;

p——拟调回空箱中的租箱量;

h——拟调回空箱中租箱的租金费率;

f——拟放弃重箱的单位运费收入;

g——拟放弃重箱的单位装卸费;

j——空箱堆存费率;

k——因调回空箱而提前周转的天数。

以上各技术参数可根据相关统计资料事先确定。

当 $s<m$ 时,即

$$a = m \times t + q \times e \times n + p \times h \times n + [(m-s) \times f - (m-s) \times g] - m \times j \times k$$

当 $s \geq m$ 时,即

$$a = m \times t + q \times e \times n + p \times h \times n - m \times j \times k$$

2) 拟租箱成本

拟租箱成本的计算比较简单,为拟租箱量、租期与租金费率的乘积,即

$$b = m \times n \times r$$

3. 租箱方式的选择原则

在考虑租箱方式的选择时,班轮公司在实际的业务操作中一般考虑以下几个原则。

(1) 班轮公司开辟新航线或扩大运输规模时,一般采用长期租赁或金融租赁的方式承租一定数量的集装箱,如果租金水平走势趋升时,一般采用较长租期,如 3～5 年;反之,则可以采用较短租期,如 1 年左右。

(2) 当班轮公司拟自备一定数量的集装箱却无足够资金时,一般采用"金融租赁"方式租入一定数量的集装箱。待租期届满时按照双方商定的费率将所租用的集装箱全部买入。

(3) 当班轮公司经营航线单一,挂靠港口较少时,若航线两端往返程货源不平衡,一般采用单程租赁或连续几个单程租赁的方式;若航线两端往返货源较为平衡时,一般采用来回程租赁或连续几个来回程租赁的方式。

(4) 当班轮公司经营多条航线时,因各条航线相互衔接,集装箱流动性较大,货源不平衡且随航线之间相互衔接而交叉分布,一般采用灵活租赁方式解决这一问题。

(四) 租箱管理

确定需要租赁集装箱后,班轮公司应尽快与租箱公司签订租箱协议,无论是长期租箱协议,还是灵活租箱协议,都是班轮公司与租箱公司协调解决各种与租箱有关问题的依据。签订一个具有高度灵活性和可操作性的租箱协议对班轮公司日后的租箱管理及成本控制工作有着十分重要的意义。

与班轮公司成本控制有关的最主要条款是租金费率条款,租金费率的高低将直接决定今后租金支出的多少,因此必须尽可能降低租金费率。与操作性有关的是起租地点、起租数量与退租地点及还箱限额条款。这一条款将直接影响班轮公司对租箱的管理。

1. 退租点地理分布

退租点的地理分布是指租箱协议中承租方与出租方对退租地点的约定。长期租箱在合同到期后需在较快的时间内安排退租,对于那些状况较差的扭箱,还要选择合适的港口安排修理,待修理完毕后方可安排退租。班轮公司应当尽可能把多条航线的挂靠港即枢纽港定为退租点,以便集中控制、安排。同时,应尽可能设置多个退租点,特别是把那些调运成本比较高的港口或地区设为退租点。

2. 还箱限额

还箱限额是指租箱协议中承租方与出租方对于每个月在不同退租地点最多可退箱量的约定。还箱限额直接决定了班轮公司安排集装箱退租的速度。如果不能及时安排退租,班轮公司将增加租金支出、空箱堆存费、调运费及其他管理成本。

一般而言,在退租点的地理分布和还款限额确定后,租箱人便可与租箱公司(或其代理人)就租金、交/还箱期、租/退箱费用、损害修理责任及保险等事宜进一步沟通,如双方确认无异议,将签署集装箱租赁合同。集装箱租赁合同是规定租箱人与租箱公司双方权利、义务和费用的协议和合同文本,其内容通常涉及租金、租箱方式、租箱数量与箱型、交箱期与还箱期、租/退箱费用、交/还箱地点、损坏修理责任、保险。

3. 租金

租金包含租金金额及租金支付条款等,其主要内容包括以下几个方面。

1) 租期

一般租箱合同均规定以提箱日为起租日,退租日则根据租箱合同规定的租期或实际用箱时间确定。长期租赁的退箱时间根据合同确定;灵活租赁的退租日,则为将箱子退至租箱公司指定堆场的日子。承租人在终止租箱时,应按合同规定的时间事先通知租箱公司,无权任意延长租期或扣留使用集装箱。

2) 租金

租金一般按集装箱×天数计收,即从交箱当日起算至租箱公司接受还箱的次日止。长期租赁或无 DPP 条款的租箱,原则上在修复集装箱后退租。有的租箱公司为简化还箱手续,在合同中订立提前终止条款,承租人在支付提前终止费用后,集装箱进入租箱堆场,租期即告终止。此项费用一般相当于 $5 \sim 7$ d 的租金。对于超期还箱,其超期天数的租金通常为正常租金的 1 倍。

3) 租金支付方式

租金支付方式有两种:一种是按月支付;另一种是按季预付。承租人在收到租箱公司的租金支付通知单后的 30 d 之内必须支付,如延迟支付租金,则按合同规定的费率支付利息。

4) 交、还箱手续费

承租人应按合同规定的费率支付交、还箱手续费,此项费用主要用以抵偿租箱公司支付租箱堆场的有关费用(如装卸车费、单证费等)。其支付方式主要有两种:一种按当地租箱堆场的费用规定支付;另一种是按租箱合同的规定支付。

4. 交箱条款

交箱条款主要是制约租箱公司的条款,是指租箱公司应在合同规定的时间和地点将符合合同条件的集装箱交给租箱人。其内容主要有以下几点。

(1) 交箱期指租箱公司必须在合同约定的时间内交箱,从目前租箱合同中对交箱期的规定看,这一时间通常为 $7 \sim 30$ d。

(2) 租箱合同中对交箱量有两种规定:一种是最低交箱量,也就是租箱合同中规定的交箱量;另一种是实际交箱量,也就是超出或不足租箱合同规定的交箱量。一般来说,采用哪一种交箱量,与集装箱租赁市场上箱、货供求关系十分密切。通常,租赁公司都愿意承租人超量租箱。

(3) 交箱时箱子的状况。交箱时集装箱的实际状况,通常用设备交接单来体现。每一个集装箱在交接时,承租人与租箱公司都共同签署设备交接单,以表明交接时的集装箱状况。在实际租箱业务中,租箱公司为简化手续,规定承租人所雇用的司机在提箱时签署的设备交接单,可视为承租人签署,具有同等效力;而集装箱堆场的交箱员或大门门卫,可视为租箱公司的代表。

5. 还箱条款

还箱条款指承租人在租期届满后,按租箱合同规定的时间、地点,将状况良好的集装箱退回租箱公司。这一条款主要内容有以下三点。

1) 还箱时间

租箱合同中规定有还箱时间,但在实际操作中经常会发生承租人提前还箱或延期还箱的情况,这类情况在租箱业务中称为不适当还箱。当发生提前还箱时,如租箱合同中订有"提前终止条款",则可相应少付租金;否则,应补付追加租金。

2) 还箱地点

承租人应按租箱合同中规定的地点,或者经租箱公司书面确认的地点,将集装箱退还给租箱公司。还箱地点与最终用箱地点的距离有较密切的关系,作为承租人,最终用箱地点应是还箱地点,这样发生的费用较少。

3) 还箱状况

还箱状况是指承租人应在集装箱外表状况良好的情况下,将集装箱退还给租箱公司。如还箱时集装箱外表有损坏,租箱公司或其代理人应立即通知承租人,并做出修理估价单;如租箱合同中已订立损害赔偿修理条款,则其费用由租箱公司承担;如到租箱合同规定的还箱期 30 d 后,承租人仍没有还箱,租箱公司可自动认为箱子"全损",承租人应按合同规定的赔偿办法支付赔偿金。而且,在租箱公司收到赔偿金之前,承租人应仍按天支付租金。

三、集装箱运输航线的箱量计算

(一) 影响航线集装箱配备量的主要因素

影响航线集装箱配备量的主要因素有以下几个方面。

(1) 航线配置的集装箱船艘数 C。

(2) 集装箱船舶的载箱量 N 及其利用率 f。

(3) 集装箱船往返航次时间 $t_R(t_R = t_{往} + t_{返})$。

(4) 集装箱内陆平均周转天数 t_x(x 取 A、B),包括集装箱在港口的堆存期及在内陆的平均周转天数。

(二) 典型条件下航线集装箱配备量的计算方法

集装箱班轮航线为简单直达航线,仅挂靠两个端点港,该班轮公司在两端点港既无调剂箱又无周转机动箱,且不考虑箱子修理与积压延误、特种使用不平衡等典型条件。

$$S = KL$$

式中:S——航线集装箱需备量(TEU);

K——航线集装箱需备套数;

L——每套集装箱的数量(TEU),如船舶满载则为船舶载箱量。

航线集装箱需备套数 K 的确定:

$$K = T/I$$

式中:T——航线集装箱平均周转总天数(d),为集装箱船舶往返航次时间与集装箱在两个端点港平均港口堆存期和内陆周转时间之和的总和,即

$$T = t_R + \sum t_x = t_R + t_A + t_B$$

式中:x 取 A、B,t_A 为 A 港的平均堆存期与 A 地的内陆周转时间之和,t_B 为 B 港的平均堆存期与 B 地的内陆周转时间之和;

I——派船间隔(d),取决于集装箱船舶往返航次时间及航线配置的船舶艘数 C,即

$$I = t_R/C$$

每套集装箱配备数量 L 的确定:

$$L = Df$$

式中:D——集装箱船舶的载箱量(TEU);

f——集装箱船舶载箱量利用率(根据航线具体情况确定)。

综合以上各式,典型条件下航线集装箱配备量的计算公式为

$$S = KL = (T/I)(Df) = [(t_R + t_A + t_B)/I](Df)$$

需要补充说明的是,如果集装箱在端点港平均港口堆存期和内陆周转时间之和小于派船间隔,即 $t_x < I$,那么集装箱无法在船未到港口的情况下装船,必须等待,所以当 $t_x < I$ 时,取 $t_x = I$。

(三)实际情况下航线集装箱配备量的计算方法

在集装箱班轮公司的实际运作过程中,航线配箱量还与集装箱在内陆周转过程中可能发生的修理、积压和延误(如货主提箱后长期占用不能返空、海关扣押、集装箱严重毁坏)等情况密切相关;另外,各种集装箱箱型的不平衡与往返航向使用量的不平衡也会增加箱量;此外,还需考虑挂靠两个以上港口时,需在中途港配置周转箱;最后,集装箱班轮公司在配置集装箱时,还需要有一定的富裕空间,以应对可能出现的意外情况。

考虑以上因素,实际情况下航线集装箱配备量的计算公式:

$$S = \lambda(KDf + \sum E_i L_i + S_N + R_N)$$

式中:L_i——中途港卸箱量(设中途港卸箱后,再装同样数量的集装箱,$i=1,2,\cdots$,为中途港编号);

E_i——中途港箱量系数(E_i 为常数,如 $t_i \leq I, E_i = 1; t_i > I, E_i > 1$);

S_N——往返航次及特种箱不平衡所需增加的箱数;

R_N——全程周转期内港口内陆修理、积压和延误总箱量;

λ——富裕系数,一般取值为 $1.05 \sim 1.10$。

四、集装箱班轮公司年度箱量计算

集装箱班轮公司不仅要考虑某一条航线上的箱量需求,还需要考虑全公司的箱量需求,并确定自备与租赁的比例。在班轮公司的置箱策略中,普遍采用的是"最小自备量原则",该原则的原理是根据班轮公司预测年份的集装箱预计需求量,来确定班轮公司的集装箱自备量、租用量等数据。

"最小自备量原则"计算租箱量的步骤如下。

1. 计算年度用箱总量 S_T

$$S_T = \sum M_i$$

式中,M_i——资料预测年的月用箱量数据(TEU,$i=1,2,\cdots,12$)。

2. 计算年度最低自备箱量 S_S

$$S_S = 12\min(M_i)$$

式中,$\min(M_i)$——资料预测年的最低月用箱量数据(TEU)。

3. 计算年度租箱总量 S_C

$$S_C = S_T - S_S$$

4. 计算年度长期租箱量 S_{LC}

$$S_{LC} = 1/2[S_C + 12m - S_S - \sum |m - M_i|]$$
$$= S_C - 1/2[\sum |m - M_i|]$$

式中,m——平均每月应备箱量(TEU),$m = S_T/12$。

5. 计算年度短期租箱量 S_{SC}

$$S_{SC}=S_C-S_{LC}$$

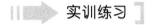

实训目标

掌握集装箱配备与租赁业务流程，能够根据班轮公司预测年份的集装箱预计需求量来确定班轮公司的集装箱自备量、租用量等数据，能够根据班轮公司航线运营的相关业务数据计算该航线集装箱的配备量。

任务导入

子任务一：某集装箱班轮公司根据以往的用箱量数据和本年度的经济预期，预计了下一年度每月用箱量，如表2-4所示，根据最小自备量原则，请确定该公司下一年的年度最低自备箱量、年度租箱总量、年度长期租箱量和年度短期租箱量。

表2-4 某集装箱班轮公司下一年度月预计用箱量

月　份	1	2	3	4	5	6
月用箱量（万TEU）	7.2	8.1	8.5	6.0	6.6	7.7
月　份	7	8	9	10	11	12
月用箱量（万TEU）	8.3	8.0	7.6	7.3	7.8	8.1

子任务二：某集装箱班轮航线设置：3艘载箱量为3 000 TEU的船舶。船舶往返航次时间为30 d。集装箱内陆周转情况：在始发港A，50%箱量在10 d内返抵港口待装船，30%箱量在10~20 d内返抵港口待装船，20%箱量在20~30 d之内返抵港口待装船；在中途港卸（装）箱量为2 000 TEU，中途港箱量系数为1.2；在终点港B，平均周转时间仅为8 d，如船舶载箱量利用率为85%，全程周期内港口内陆修箱总量为360 TEU，不考虑特种箱不平衡所需增加的箱量数，富裕系数取1.05。试求集装箱船公司在该航线上需配备的集装箱数量。

任务三　集装箱水路运输的费用核算与报价

受货主广州康意皮具制品厂委托，某物流公司揽货员托运1 000件真皮女包到日本东京港，产品存放在广州市白云区人和镇蚌湖村蚌华街工业区68号的企业仓库中。

该票货的物运输费用该如何核算？物流公司揽货员又该如何报价？

由于集装箱运输打破了"港至港"交接的传统,可以实现"站至站"乃至"门至门"的运输,使得承运人的运输路线增长,运输环节增多,运输全过程花费的成本及成本构成与传统运输有很大区别。

根据物流方案所涉及的运输路线和节点所发生的各项物流成本,再考虑企业合理的利润诉求和需上缴的税金,就形成了运输费用。具体计算过程中,传统海运运费的分方式、分段计算运费总额这一计费原理仍然适用集装箱运费的计算,只不过向内陆延伸的范围更广,计费项目更多。

【相关知识点】

一、运费计算原理与计费标准

(一) 运费计算原理

1. 运费与运价概念

运费,即运输经营人向托运人收取的一定运输费用,它包括运输承运人的各项作业成本、企业的合理利润和向国家上交的税金。运费的单位价格即运价,它不是一个简单的价格金额,而是包括费率标准、计收办法、承托运双方责任、费用、风险划分等的一个综合价格体系。

2. 运费计算原理

$$运费(F) = 运价(R) \times 计费数量(Q)$$

运价的制定一般从三个方面考虑:成本、竞争、客户。具体制定方法的程序本文不作探讨,感兴趣读者可参看物流市场营销相关内容。运价是运费的单位价格,计算过程中要注意因计费标准不同而形成的不同运价形式,如:元/TEU、元/吨、元/立方米、元/运费吨等。如果说运价是运费项目中质的规定,那么计费数量就是量的测度,计费数量的测度既要和运价保持一致,又要注意运用合理的方法,保持测度的准确性。

(二) 运费计费标准

1. 海运运费计算常见的计费标准

海运运费计算有以下几种常见的计费标准。

(1) W(weight)表示该种货物应按毛重计算运费。

(2) M(measurement)表示该种货物应按其尺码或体积计算运费。

(3) W/M 表示该种货物应按毛重或体积质量中较高者计算运费。

(4) Ad. Val(ad valorem)表示该种货物应按其FOB价格的某一百分比计算运费,又称为从价运费。

(5) Ad Val or W/M 表示该种货物按从价运费和毛重/体积质量中较高者所得运费比较,选择其运费高者。

(6) W/M plus Ad. Val 表示毛重/体积质量中较高者所得运费,再加收从价运费。

2. 集装箱运费的计费标准

集装箱整箱货以箱为计费单位,可折叠的标准空箱,4只及4只以下摞放在一起的,按1只相应标准重箱计算。另外,公路集装箱整箱货以箱千米作为基本运费的计费标准;铁路集装箱整箱货以箱千米作为运行费用的计费标准。

集装箱拼箱货物的计费吨分质量吨(w)和体积吨。质量吨为货物的毛重,以 1 000 kg 为 1 计费吨;体积吨为货物"满尺丈量"的体积,以 1 m^3 为 1 计费吨。

二、国际集装箱运费的基本结构和不同交接方式下的运费构成

(一)国际集装箱运费的基本结构

1. 国际集装箱海上运费

集装箱海运运费是指海上运输区段的费用,包括基本海运运费及各类海运附加费,是集装箱运费收入的最主要部分。一般由集装箱运输承运人根据班轮联盟或班轮公司运价本的规定,向托运人或收货人计收。

2. 国际集装箱港区服务费

港区服务费包括集装箱码头堆场服务费和货运站服务费。

1) 堆场服务费

堆场服务费或称码头服务费(THC),包括图 2-2 中的(b)及(d)两部分,即装船港堆场接收出口的整箱货,以及堆存和搬运至装卸桥下的费用;同样在卸船港包括在装卸桥下接收进口箱,以及将箱子搬运至堆场和堆存的费用,并包括在装卸港的单证等费用。

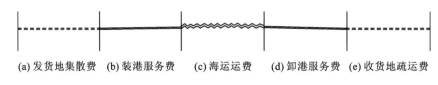

(a)发货地集散费 (b)装港服务费 (c)海运运费 (d)卸港服务费 (e)收货地疏运费

图 2-2 集装箱运费基本结构

2) 货运站服务费

货运站服务费指拼箱货物(LCL)经由货运站作业时的各种操作费用,包括提还空箱、装箱、拆箱、封箱、做标记,在货运站内货物的正常搬运与堆存,签发场站收据、装箱单,必要的分票、理货与积载等费用。

3. 国际集装箱集散运费

集装箱集散运输又称为支线运输,对于集装箱远洋干线运输而言,是国际集装箱运输的一种运输组织方式。干线集装箱船舶停靠集装箱枢纽港,通过内河和沿海支线及公路、铁路支线网络系统线集装箱枢纽港的干线集装箱船舶集中集装箱货物,以及通过这个支线网络系统线集装箱枢纽港干线疏散干线集装箱船的集装箱货物。

1) 水路支线运费

水路支线运费是指将集装箱货物由收货地经水路(内河、沿海)集散港运往集装箱堆场的集装箱运费,或者由集装箱堆场经水路(内河、沿海)集散港运往交货地的集装箱运费。

2) 内陆运输费

内陆运输费是指经陆路(公路或铁路)将集装箱货物运往装船港口的运输费用或将集装箱货物经陆路(公路或铁路)运往交货地之间的运输费用。

（二）不同交接方式下的运费构成

集装箱不同交接方式下的运费项目构成如表2-5所示。

表2-5 集装箱不同交接方式下的运费项目构成

接货	交货	集散费1	服务费2 货运站	服务费2 堆场	海运费3	服务费4 堆场	服务费4 货运站	集散费5
CY	CY			✓	✓	✓		
CY	CFS			✓	✓	✓	✓	
CY	DOOR			✓	✓	✓		✓
CFS	CY		✓	✓	✓	✓		
CFS	CFS		✓	✓	✓	✓	✓	
CFS	DOOR		✓	✓	✓	✓		✓
DOOR	CY	✓		✓	✓	✓		
DOOR	CFS	✓		✓	✓	✓	✓	
DOOR	DOOR	✓		✓	✓	✓		✓

三、海运集装箱运费的计算

（一）整箱货运费计算

大部分集装箱班轮公司采用以箱为单位的计费方式，实行包箱费率（box rates）。包箱费率是船公司根据自身情况以不同类型的集装箱为计费单位，确定整箱货的不同航线包干费。整箱货包箱费率通常包括集装箱海上运输费用及装卸港口码头装卸费用。少数船公司仍采用传统件杂货运费计算方法（拼箱货一般也采用件杂货运费计算方法），但会同时规定最低计费吨和最高计费吨作为运费计算的限制，因使用越来越少，故不再赘述。

包箱费率可分为两类：按货物类别、级别和箱型规定的货物（或商品）包箱费率（CBR，commodity box rates）和不分类别只论箱型的包箱费率（FAK，freight for all kinds），FCS 包箱费率就是一种常见的按分箱型和货物种类、级别制定的货物包箱费率。

1. FAK 包箱费率

FAK 包箱费率是只分箱型而不分箱内货物种类，不计箱内所装货物质量（在本箱型的规定的质量限额内）统一收取的包箱基本运价。在采用包箱费率的航线上通常对一般普通货物不分等级，但一般对化工品、半危险品、全危险品和冷藏货物等四种特殊货物会另外规定其运价，这四种特殊货物一般会在运价本附录中列明或通过国际危规说明。

2. FCS 包箱费率

FCS 包箱费率是分箱型对货物按不同货物种类和等级制定的包箱费率，属于货物（或商品）包箱费率（CBR）。在这种费率中，对普通货物进行分级，通常在件杂货1～20级中分四档，对传统件杂货等级进行简化，级差要大大小于件杂货费率的级差。

使用 FCS 包箱费率时应先根据货名查找货物等级，然后在航线运价表中按 FCS 包箱费率中货物分级的大类、不同的交接方式及集装箱箱型查得相应的每只集装箱的运价。

(二) 拼箱货运费的计算及常见的附加费项目

拼箱货运费计算同传统件杂货运费计算相类似，即基本上按所托运货物的实际运费吨计费 (W/M)，货物不足1吨或1立方米按1运费吨计收。除加收传统的海运附加费项目外，还会加收与货运站作业有关的费用，如拼箱服务费、困难作业费、超重或超大件作业费，另外因拼箱货不接受变更目的港的要求，所以没有选港附加费和变更目的港附加费。

常用附加费缩写及其解释如表2-6所示。

表2-6 常用附加费缩写及其解释

缩写	解释
BAF	燃油附加费，大多数航线都有，但标准不一
SPS	上海港口附加费（船挂上港九区、十区）
ORC	本地出口附加费，和SPS类似，一般在华南地区使用
FAF	燃油价调整附加费（日本线、波斯湾、红海、南美）
YAS	日元升值附加费（日本航线专用）
GRI	综合费率上涨附加费，一般是南美航线、美国航线使用
DDC、IAC	直航附加费，美加航线使用
IFA	临时燃油附加费，某些航线临时使用
PTF	巴拿马运河附加费，美国航线、中南美航线使用
EBS、EBA	部分航线燃油附加费的表示方式，EBS一般是日本、澳洲航线使用，EBA一般是非洲航线、中南美航线使用
PCS	港口拥挤附加费，一般是以色列、印度某些港口及中南美航线使用
PSS	旺季附加费，大多数航线在运输旺季时可能临时使用
CAF	货币贬值附加费(devaluation surcharge or currency adjustment factor，缩写为CAF)为海运费的5.4%。CAF也适用于直达运费或含附加费运费
GRR	general rate restoration(修复)：YM Line：(阳明公司)于旺季收的
RR	费率恢复，也是船公司涨价的手段之一，类似GRR
DDC	destination delivery charge：目的港交货费用
ACC	加拿大安全附加费
SCS	苏伊士运河附加费(Suez Canal surcharge)
THC	terminal(码头)handling charge：码头操作(吊柜)费
TAR	战争附加费 Temporary(临时的)≈Provisional) Additional Risks本义为"临时附加费风险"实指战争附加费

续表

缩　写	解　释
CUC	底盘费，指车船直接换装时的吊装吊卸费
ARB	中转费
ACC	走廊附加费，从 LBH(long beach)、LAX(los angeles)中转至加州(California)、亚利桑那州(Arizona)、内华达州(Nevada)的货物
AMS	automatic manifest system：自动舱单系统录入费，用于美加航线
IAP	Indonesia Additional Premium Surcharges：印尼港

（三）常见口岸杂费

货物在港口口岸通常发生的费用有场地装箱费、港口设施保安费、港杂费、文件费、商检代理费、报关费、电放费、改单费、舱单传输费、装箱费、堆场超期使用费等，费用开征项目及金额视具体口岸、船公司和航线而有所差别。

四、公路集装箱运费的计算

（一）集装箱公路运费计算公式

重箱运费＝重箱运价×计费箱数×计费里程＋箱次费×计费箱数＋货物运输其他费用
空箱运费＝空箱运价×计费箱数×计费里程＋箱次费×计费箱数＋货物运输其他费用

（二）集装箱公路运费项目

1. 基本运价

集装箱公路基本运价是指各类标准集装箱重箱在等级公路上运输的每箱千米运价。标准集装箱空箱运价在标准集装箱重箱运价的基础上减成计算，集装箱重箱运价在标准集装箱基本运价的基础上加成计算，特种箱运价在标准箱型基本运价的基础上按所装载货物的不同加成幅度加成计算。

2. 箱次费

箱次费按不同箱型分别确定。

3. 其他收费

承运人视具体情况而收的相应费用，主要包括调车费、装箱落空损失费、道路阻塞停车费、车辆处置费、车辆通行费、运输变更手续费等。

实训练习

实训目标

了解航运市场体系及集装箱班轮运输市场的基本结构，能够独立核算集装箱水路运输费用。

任务导入

出口商 A 公司委托国际物流公司 B 将一批杂货——人造纤维从广州黄埔港运往欧洲某港口,该票货物体积为 20 m³、毛重为 34.8 t。A 公司要求选择卸货港 Rotterdam 或 Hamburg,Rotterdam 和 Hamburg 都是基本港口,其基本运费率为 USD80.0/FT,三个以内选卸港的附加费率为每运费吨加收 USD3.0,计费标准为"W/M"。

请问:

(1) 如果根据运费吨托运货物,该物流公司 B 应向托运人 A 收取多少运费(以美元计)?

(2) 如果改用集装箱运输,海运费的基本费率为 USD1 100.0/TEU,货币附加费 10%,燃油附加费 10%。改用集装箱运输时,该托运人应支付多少运费(以美元计)?

(3) 若不计杂货运输和集装箱运输两种运输方式的附加费,只考虑基本运费,托运人从节省海运费考虑是否应选择改用集装箱运输?

任务四 人员揽货

小王是广州某国际物流(客户关系管理系统)公司的实习揽货员,公司安排他到白云区业务组负责揽货。刚开始上班,业务主管把公司 CRM 中的 200 个潜在客户信息分配给他,要求他每周电话联系客户 50 个、拜访客户 20 个,并往 CRM 系统中新增潜在客户信息 20 条,每天做出业务记录,并于第二天晨会上报主管前一天业务情况。三个月以后,再根据他的业绩决定他在业务部的去留。

公司的业务范围、程序和价格政策已经在小王入职初期做了具体培训,可那 200 个潜在客户大部分都是老业务员都啃不动的硬骨头,感到压力重重的小王该如何挖掘潜在客户信息,如何电话销售,如何拜访有初步意向的客户,创造一份满意的业绩呢?

任务分析

人员揽货是集装箱运输企业或国际物流公司扩展业务的主要手段。销售人员业绩的提升,不仅需要具备电话销售和商务谈判的销售技能,还需要具备市场知识,善于聚焦公司的目标市场,这样才能事半功倍。因此,小王首先应该分析公司所代理产品的目标市场及目标市场上客户的行业分布特点、出货特点和要求等,锁定电话营销的有效范围。另外,要掌握人员销售的程序和技巧,保证揽货的效率。

【相关知识点】

一、市场营销的核心概念和营销过程

(一)市场营销概念

市场营销大师菲利普·科特勒认为:市场营销是个人和集体通过创造产品和价值,并同别

人进行交换,以获得其所需所欲之物的一种社会和管理过程。与推销观念相比,推销观念注重卖方需要;市场营销观念则注重买方需要。推销观念以卖主需要为出发点,考虑如何把产品变成现金;而市场营销观念则考虑如何通过制造、传送产品及与最终消费产品有关的所有事物,来满足顾客的需要。

市场营销学认为,市场是指由具有特定的需求或欲望,而且愿意并能够通过交换来满足这种需求和欲望的全部现实的和潜在的顾客构成的群体。因此可以从人口、购买力和购买欲望三方面来衡量市场。同理,可以从集装箱货主数量、货物出运数量和运输服务费用承受能力来衡量集装箱运输市场。

(二) 集装箱运输市场营销管理过程

集装箱运输市场营销管理过程是指集装箱运输和物流企业识别、分析、选择和发掘市场营销机会,以实现其任务和目标的管理过程。这个过程包括以下四个步骤。

1. 发现和分析评价集装箱运输市场机会

市场机会就是市场上未满足的需要,但并不是所有未满足的需要都会构成企业的市场机会。只有符合企业的目标和资源条件,市场机会才构成企业机会。因此,营销人员不但要善于发展市场机会,还要善于分析、评估市场机会,看它是否对本企业适用,是否有利可图。

市场机会的分析,有赖于对营销环境(包括宏观环境和微观环境)进行科学细致的市场调研。为了更好地进行市场营销调研,企业应建立市场营销分析系统,专门从事收集、整理、分析和评估有关营销信息,为公司的营销决策提供科学依据。

2. 研究和选择国际集装箱运输目标市场

经过分析和评估,选定了符合企业目标和资源的营销机会后,还要对这一市场容量和市场结构做进一步的分析,以便缩小选择范围,选出本企业准备为之服务的目标市场。这包括四个步骤:测量和预测市场需求;进行市场细分;在市场细分的基础上选择目标市场;实行市场定位。

企业根据自己的营销目标和资源条件选择一定的目标市场进行经营,这种经营方式称为目标市场营销。

市场定位:在目标客户心目中为自己的企业和产品确定一定位置,形成一定特色,树立区别于竞争者的企业形象和产品形象。

3. 确定集装箱运输市场营销组合

市场营销组合也就是企业的综合营销方案,即企业针对目标市场的需要,对自己可控制的各种营销因素如产品、运价、分销、促销手段等的优化组合和综合利用,使之协调配合,以取得最好的经济效益和社会效益。

集装箱运输企业的经营过程受多种因素影响,在诸多因素中,有些是企业可以控制的,有些是企业无法控制的。企业可控的因素很多,通常可归纳为四大类,即产品(product)、运价(price)、地点(place)、促销(promotion),简称4P。

20世纪80年代后,由于国际市场竞争日趋激烈,许多国家和地区政府干预加强,贸易保护主义盛行。在此形势下,科特勒提出了一种新的市场营销观念:大市场营销观念。其基本含义是企业在进行营销活动时,不仅要顺从和适应市场环境,而且要影响它。对此,企业的市场营销要从"4P"发展到"6P",即增加权力(power)和公共关系(public relations)。此观念认为,一个企业或国家,在全球经济一体化的国际市场营销过程中,不应消极被动地服从外部环境和市场需求,而应借助于政治力量、外交手段、公共关系等,积极主动地改变外部环境和市场需求,以使商品打入目标市场。

服务行业由于其产品及提供过程的特殊性,使其营销组合因素在有形产品营销组合 4P 的基础上又增加了 3 个 P,即人员(people)、过程(process)、有形展示(physical evidence)。这三个因素对于服务企业来说是可以控制的,同时对企业有效地保证和提高服务质量具有重要影响。

企业在营销过程中还要受到各种微观和宏观环境因素的影响与制约,如微观环境的供应者、企业竞争者、营销中介、社会公众等,宏观环境中经济、自然、政治、法律、社会文化、科技、环保等,这些都是企业的不可控因素。营销组合因素的多层次性,使营销组合具有可控性、复合性、动态性和整体性的特点。它体现了市场营销观念中的整合营销思想。

4. 管理集装箱运输市场营销活动

国际集装箱运输或物流企业营销管理过程的最后一个环节是管理企业的市场营销活动。管理市场营销活动包括以下三个方面:

(1) 制订市场营销计划;

(2) 市场营销的实施过程;

(3) 市场营销的控制系统。

以上四个步骤是企业营销管理的全过程。企业的一切活动都应以满足目标客户的需要为中心,围绕这一中心确定市场营销组合,组织营销活动,同时通过市场调研、营销计划、实施过程及营销控制,对营销活动进行管理,最终达到赢利的目的。

(三) 集装箱运输企业促进销售的四个工具

1. 人员揽货

人员揽货是指集装箱运输企业利用揽货员推销服务产品,是集装箱运输企业与客户建立业务联系,取得客户信任的一种最有效的方式之一,但它并非揽货的全部。人员揽货的特点是揽货员可以同客户直接接触,信息双向传递,揽货员可以根据客户的态度和反应即时调整营销策略和准确了解客户的真实需求。这有利于揽货员与客户培养感情、增进友谊,便于企业与客户建立长期稳定的业务联系。

1) 货源信息的收集

在信息时代,每个揽货员应该学会在浩瀚的信息中查寻到有用的货源资料。货源资料包含客户名称、联系电话、地址、客户简介等,如果有公司网页、E-mail、部门负责人联络方式等将对揽货员有更多帮助。

(1) 电话簿。电话簿因其常用黄纸印制俗称黄页,对揽货员有用的是目标货源区的黄页。

(2) 因特网。充分利用无国界的因特网,查找合适的货源企业,特别是一些专业网页,如香港付货人委员会网、中国外经贸企业网、中国企业网、中华大黄页网等,目标货源区的企业网最为重要。

(3) 商场。揽货员从各大商场、百货公司收集资料,包装盒上生产厂家的地址、网址、联络电话是最新、最可靠的。这些资料加强了揽货员对产品形状、体积、质量等方面的感性认识,对揽货员的算箱(揽货员根据委托人的货物数量来计算所需要的集装箱类型、大小,或者根据集装箱类型、大小来计算所能装载货物的数量、质量及体积)、船务人员的配载有很大的帮助。

(4) 海报、报纸、电视等各种媒体。外贸工厂和外贸公司从来不会刊登需要集装箱运输的广告,揽货员要像情报人员一样善于从公开的信息里找到有用的资料,许多看似无关的资料在有经验的揽货员眼里可能是十分有用的。如一则急聘销售人员的广告,可能传递该外贸企业处在高速增长期或企业处在销售旺季等,对于集装箱运输企业来说就是该企业有更多的货物会运往世界各地,也许以往的国际货运服务已经满足不了该企业的要求。

(5) 各种会展。展销会、交易会或博览会等各种会展往往万商云集,这些会展不仅是外销员的战场,也同样是国际货运揽货员的战场,因为交易的双方就是集装箱运输企业的直接委托人。会展上散发的大量的宣传资料是货物信息的最好载体,是揽货员研究货物运输方式、判断货物销售季节的分析资料。如果潜在客户在场,揽货员要及时为自己公司的集装箱运输服务作推介。

(6) 社会关系网、业务关系网。社会关系网是揽货员重要的货源信息来源,多参加一些社会交际活动,如同学会、同乡会、某某协会等,在这些聚会上可以认识许多合作伙伴。

货源信息也可以来自老客户的引荐,或者把其竞争者或相关产品公司纳入潜在客户。

相关业务单位,如报关行、拖车行、码头公司、仓储公司、海关、出入境检验检疫局、税务局、外汇管理局等单位的客户同样也可能成为本企业的客户。

2) 营销手段

当揽货员掌握了有用的信息,就要主动出击,以下几种方式就是揽货员可以采取的营销手段。

(1) 电话及传真。电话及传真是最常用的通信手段之一,这是揽货员能够得到对方即时反应的方式,也是挑战揽货员心理底线的方式。

(2) 因特网。因特网是成本较低、效果显著的营销手段。目前的电子商务指的就是通过网络手段达到营销目的。E-mail 是试探性或较正式的网络接触,QQ、ICQ、MSN、Yahoo Messager、手机短信则是年轻的揽货员最喜欢的接触方式,也是了解委托人即时要求的快速方式之一。

(3) 上门推销。上门推销是古老的也是较有效的方式之一,但是许多企业不喜欢不速之客,电话预约可以降低当面被拒绝的次数。不少揽货员会利用为老客户服务的便利顺道拜访邻近有相似货物的企业,留下自己的联络方式或为以后的进一步接触打下基础。

2. 广告宣传

集装箱运输企业可以通过网络、杂志、报纸、电视、广告牌或各种流动载体等形式向目标客户传递企业的产品、商标、服务、企业文化等信息。广告可以促进客户和公众对集装箱运输企业及其服务的认识,同时也能提高企业的知名度,加快揽货速度,是企业品牌策略的一部分。其优点是可以在揽货员到达前或到达不了的地方宣传企业和服务产品,传递服务信息。

3. 销售促进

为了正面吸引有需求的客户而采取的各种促销措施,包括有奖销售、点数赠送、优惠折扣、路线折扣、货类折扣、推广会等,其共同特点是可以有效吸引客户或使客户转换代理,因而促销的短期效果显著。

4. 公共关系

公共关系是指为了使公众理解企业的经营方针和让经营策略符合公众利益,并有计划地加强与公众联系、建立和谐的关系、树立企业信誉的一系列活动。其特点是不以直接的短期促销效果为目标,通过公共关系的宣传报道使潜在客户对企业及产品产生好感,并在社会上树立良好的企业形象。

广告宣传、销售促进、公共关系是吸引上门客户的重要手段,许多指定货的来源是因为客户慕名而来,买方会提供货物供方的名称、联系人、电话和地址。企业的知名度提高了,也使得企业的柜台推销和会议推销更加方便。

实训练习

实训目标

了解揽货的基本程序,能够独立核算集装箱水路运输费用。

任务导入

某托运人通过某国际物流公司承运一票货物($2 \times 20'$ FCL),采用包箱费率,从广州出口到日本东京,该国际物流公司的费率表如表 2-7 所示,另有货币贬值附加费 10%,燃油附加费 5%。问:托运人应支付多少海运运费?

表 2-7 某国际物流公司的费率表

POL	POD	All rate in U.S. Dollars		
		20'GP	40'GP	40'HQ
Guangzhou	Tokyo	370	615	615

项目小结

集装箱运输市场开发的主体为集装箱班轮公司和国际物流公司,其中运输产品的开发即航线开设、船舶配备和配箱是集装箱班轮公司市场开发的主要问题,报价和揽货则由集装箱班轮公司和国际物流公司共同完成,国际物流公司更多以集装箱运输的分销商或集拼经营人的身份出现。

通过该项目的学习,有利于集装箱班轮经营管理人员在航线需求、资金成本的限制条件下配船、配箱、租箱、调箱等船务和箱务工作的有效开展,也有利于集装箱运输一线销售人员发现客户,正确报价,完成销售任务。

项目三
集装箱运输租船订舱

CONTAINER
TRANSPORT
PRACTICE

(1) 掌握集装箱外观标记的相关知识。
(2) 熟悉集装箱上各主要部件名称及作用。
(3) 了解集装箱方位性术语。
(4) 熟悉常见集装箱的外尺寸和内尺寸。
(5) 能够根据货物数量估算所需的集装箱数量。
(6) 熟悉集装箱订舱业务流程。

一、国际标准集装箱的外部尺寸

国际标准集装箱是根据 ISO 技术委员会制定的标准来建造和使用的。目前通用的国际标准集装箱可分为 A、B、C、D 四个系列共 13 种,其外尺寸如表 3-1 所示。

表 3-1 国际标准集装箱的外尺寸

规格/ft	箱型	长		宽		高		最大负荷总重量	
		公制/mm	英制/(ft in)	公制/mm	英制/(ft in)	公制/mm	英制/(ft in)	kg	lb
40	1AAA	12 192	40′	2 438	8′	2 896	9′6″	30 480	67 200
	1AA					2 591	8′6″		
	1A					2 438	8′		
	1AX					<2 438	<8′		
30	1BBB	9 125	29′11.25″	2 438	8′	2 896	9′6″	25 400	56 000
	1BB					2 591	8′6″		
	1B					2 438	8′		
	1BX					<4 38	<8′		
20	1CC	6 058	19′10.5″	2 438	8′	2 591	8′6″	24 000	52 900
	1C					2 438	8′		
	1CX					<2 438	<8′		
10	1D	2 991	9′9.75″	2 438	8′	2 438	8′	10 160	22 400
	1DX					<2 438	<8′		

注:ft 为英尺,in 为英寸,mm 为毫米,kg 为千克,lb 为磅,1 ft=12 in。

观察表 3-1,大家会发现 40 ft 集装箱的长度正好为 40 ft,而 30 ft、20 ft、10 ft 的集装箱,其实际尺寸均小于标准尺寸。这是因为在火车、卡车的同一车皮、堆场的同一箱位、集装箱船的同一箱位,可装载(堆存)一个 40 ft 集装箱的位置,必须可同时装载(堆存)两个 20 ft 集装箱,或者一个 30 ft 与一个 10 ft 集装箱,而两个集装箱之间存在一个间距,国际标准规定:这个间距必须为 3 in,即 76 mm,间距用 i 表示。

各集装箱长度之间的尺寸关系可用公式表示如下:

$$1A=1B+i+1D=29'11.25''+3''+9'9.75''=40'$$
$$1A=1C+i+1C=19'10.5''+3''+19'10.5''=40'$$

标准箱,即 TEU。上述 A、B、C、D 四类集装箱中,以 A 类与 C 类集装箱最为通用,总数量也最多,其长度分别为 40 ft 和 20 ft。从统计角度来看,人们习惯将一个 C 类集装箱(长度为 20 ft)称为一个标准箱,或称为一个 TEU;将一个 A 类集装箱(长度为 40 ft)称为两个标准箱,或者称为 2 个 TEU;将一个 30 ft 的集装箱,称为 1.5 个标准箱,或者称为 1.5 个 TEU;将一个 10 ft 的集装箱,称为 0.5 个标准箱,或者称为 0.5 个 TEU。

二、集装箱的方位术语

集装箱的方位术语主要是指区分集装箱的前、后、左、右及纵横的方向和位置。占集装箱总数 85% 以上的通用集装箱,均一端设门,另一端是盲端。

方位术语如下:前端指没有箱门的一端;后端指有箱门的一端;左侧从集装箱后端向前看左边的一侧;右侧从集装箱后端向前看右边的一侧;纵向指集装箱的前后方向;横向指集装箱的左右与纵向垂直的方向。

三、通用集装箱主要部件名称和说明

通用集装箱各主要部件的位置如图 3-1 所示。

1. 角件

集装箱体的 8 个角上都有角件,角件用于支承、堆码、装卸和栓固集装箱。箱子下部的角件称底角件,如图 3-2 所示。上部的角件称顶角件,如图 3-3 所示。

2. 角柱

角柱是指连接顶角件与底角件的立柱,是集装箱的主要承重部件。

3. 上端梁

上端梁是指箱体端部与左、右顶角件连接的横向构件。

4. 下端梁

下端梁(bottom end transverse member)是指箱体端部与左、右底角件连接的横向构件。

5. 门楣

门楣是指箱门上方的梁。

6. 门槛

门槛是指箱门下方的梁。

7. 上侧梁

上侧梁是指侧壁上部与前后底角件连接的纵向构件。

8. 下侧梁

下侧梁是指侧壁下部与前、后底角件连接的纵向构件。左面的称左下侧梁。

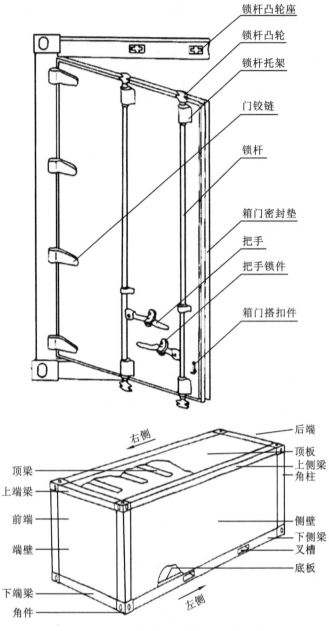

图 3-1 通用集装箱主要部件名称及说明

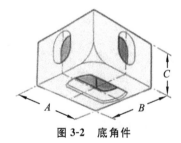

图 3-2 底角件

($A=178$ mm；$B=162$ mm；$C=118$ mm)

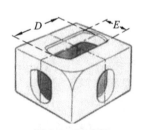

图 3-3 顶角件

($D=124$ mm；$E=64$ mm)

9. 顶板

顶板是指箱体顶部的板。顶板要求用一张整板制成，不得用铆接或焊接的板，以防铆钉松动或焊缝开裂而造成漏水。

10. 顶梁

顶梁是指在顶板下连接上侧梁，用于支承箱顶的横向构件。

11. 箱顶

箱顶是指由顶板和顶梁组合而成的组合件，使集装箱封顶。箱顶应具有标准规定的强度。

12. 底板

底板是指铺在底梁上的承托载荷的板，是集装箱的主要承载构件，通常用硬木板或胶合板制成。

13. 底梁

底梁是指在底板下连接下侧梁，用于支承底板的横向构件。

14. 叉槽

叉槽是指横向贯穿箱底结构，供叉车叉齿插入的槽，40 ft 型集装箱上一般不设叉槽。由于集装箱的质量主要通过角结钩传递，底结构不是承重部件，所以通过叉槽不能叉重箱，只能叉空箱。

15. 端板

端板是指覆盖在集装箱端部外表面的板。

16. 侧板

侧板是指覆盖在集装箱侧部外表面的板。

17. 箱门

箱门通常为两扇后端开启的门，用铰链安装在角柱上，并用门锁装置进行关闭。

18. 端门

端门是指设在箱端的门，一般通用集装箱前端设端壁，后端设箱门。

19. 门铰链

门铰链是指使箱门与角柱连接起来，保证箱门能自由转动的零件。

20. 箱门密封垫

箱门密封垫是指箱门周边为保证密封而设的零件，密封垫的材料一般采用氯丁橡胶。

21. 箱门锁杆

箱门锁杆是设在箱门上垂直的轴和杆。锁杆两端有凸轮，锁杆转动后凸轮既嵌入锁杆凸轮座内，把箱门锁住。

22. 锁杆托架

锁杆托架是把锁杆固定在箱门上并使之能转动的承托件。

23. 锁杆凸轮

锁杆凸轮是设于锁杆端部的门锁件，通过锁件的转动，把凸轮嵌入凸轮座内，把门锁住。

24. 锁杆凸轮座

锁杆凸轮座是保持凸轮成闭锁状态的内承装置，又称卡铁。

25. 门锁把手

门锁把手是装在箱门锁杆上,在开关门时用来转动锁杆的零件。

26. 把手锁件

把手锁件是锁住保持箱门把手,使它处于关闭状态的零件。

任务一　集装箱的选择与整箱货箱量计算

外贸公司或货运代理公司在出货之前,首先要根据所揽货物的具体情况,估计需要哪种规格的集装箱,需要多少个集装箱,然后才能够向船公司订舱。

准确估计所需集装箱数量,对于外贸公司和货运代理公司来说,都至关重要。

河北省某国有外贸公司经秦皇岛港出口一批散装干玉米到印度孟买港,已知该批干玉米质量为 50 000 kg,体积为 130 m³,请帮该外贸公司选择合适的集装箱,并确定所需集装箱的箱量。

任务分析

对于该批货运任务,首先需要分析该批货物是否适合集装箱运输,然后选择合适的集装箱类型,还要再根据货物的密度和体积选择合适尺寸的集装箱,最后再确定集装箱箱量。

【相关知识点】

一、选择集装箱需要考虑的因素

(一)货物的包装

选择集装箱首先应考虑货物的包装。货物因采用不同的包装方式、包装方法、包装材料,对集装箱的要求也不同,例如散装大豆和袋装大豆,虽然货物属性相同,但是包装不同,所以采取集装箱运输时选择的集装箱类型也不同。

(二)货物的种类与性质

选择集装箱其次应考虑货物的种类与性质。不同的货物具有不同的属性,例如货物的危险性、易碎性、对温湿度的敏感性,以及能否与其他货物进行混装等。对货物种类与性质进行了解,其目的是看其对集装箱运输与装卸有无特殊要求。例如:对于危险货物,要了解是属于哪一类危险货物;对于普通货物,则应了解其是清洁货还是污货等(货物属性的详细内容请回顾项目一的任务——货物的分类)。

目前使用的集装箱有通用集装箱、冷藏集装箱、罐式集装箱、干散货集装箱等多种类型,不同类型的集装箱是根据不同类型货物及运输的实际要求而设计制造的。

对集装箱箱型种类的选择主要应根据货物的种类、性质、包装形式和运输要求来进行。如:对运输没有什么特殊要求的普通干散货物,可选择使用最普通的杂货集装箱和散货集装箱;含水量较大的货物或不需要保温运输的鲜货等可选择使用通风集装箱;在运输途中对温度有一定要求的货物可选择使用保温、冷藏、冷冻集装箱;超高、超长、超宽或必须用机械(吊车、叉车、起重机等)装箱的货物可选择使用台架式集装箱;散装液体货物可选择罐式集装箱;牲畜、汽车等货物可选择相应的动物集装箱、汽车集装箱等特种箱。

(三) 货物的尺寸与质量

最后,选择集装箱还要考虑货物的尺寸与质量。集装箱所装货物的质量与尺寸受集装箱最大载货质量及箱内容积的限制,装箱前了解货物的具体尺寸与重量,其目的在于合理选用适应货物尺寸及质量的集装箱。一般来说,在货物数量大时,尽量选用大规格集装箱;货物数量较少时,配用的集装箱规格不宜过大;货物密度较大时,一般配备小规格的集装箱,有时还可以采用加重箱;轻泡货物则宜采用尺寸较大的集装箱。

(1) 为了准确地根据货物尺寸与质量选择合适规格的集装箱,首先需要确定哪些尺寸的集装箱是可选择的对象。方法很简单,计算货物的密度,与集装箱的最大容重表对比(各规格集装箱容重表如表3-2所示),最大容重大于货物密度的集装箱,就是符合装运要求的集装箱。

货物密度是指货物单位容积的质量,其计算公式为

$$某货物的货物密度 = \frac{该批货物总质量}{该批货物总体积}$$

集装箱的最大容重,即集装箱最大装箱密度,是指在特定的容积利用率前提下,集装箱单位容积所能装载货物的最大质量。在实际操作过程中,货物装入箱内时,货物与货物之间、货物与包装之间、包装与包装之间、包装与集装箱之间都会产生无法利用的空隙,称为弃位。为此在计算集装箱的最大容重时,应从其标定的容积中减去弃位空间。集装箱最大容重的计算公式为

$$某集装箱最大容重 = \frac{该集装箱的最大载货质量}{该集装箱的容积 - 装箱弃位容积}$$

或

$$集装箱最大容重 = \frac{该集装箱的最大载货质量}{该集装箱的容积 \times 箱容利用率}$$

在实际操作过程中,因为集装箱很难100%装满,所以经常需要事先估计一下集装箱内容积的利用率,根据所估计的集装箱内容积的利用率,查找集装箱的最大容重表,与货物的密度作对比。表3-2所示为集装箱最大容重表。

表 3-2 集装箱最大容重表(最大装箱密度表)

集装箱规格	集装箱容积100%		集装箱容积90%		集装箱容积80%		集装箱容积70%	
	kg/m³	lb/ft³	kg/m³	lb/ft³	kg/m³	lb/ft³	kg/m³	lb/ft³
20 ft 干货箱	670.0	41.8	744.4	46.5	837.5	52.3	957.1	59.7
40 ft 干货箱	407.1	25.4	452.3	28.2	508.8	31.8	581.5	36.3
40 ft 高柜干货箱	389.5	24.3	432.7	27.0	486.8	30.4	556.4	34.7

续表

集装箱规格	集装箱容积100%		集装箱容积90%		集装箱容积80%		集装箱容积70%	
	kg/m³	lb/ft³	kg/m³	lb/ft³	kg/m³	lb/ft³	kg/m³	lb/ft³
45 ft 高柜干货箱	333.7	20.8	370.8	23.2	417.2	26.0	476.7	29.8
20 ft 冷藏箱	874.9	54.6	972.1	60.7	1 093.6	68.3	1 249.9	78.0
40 ft 冷藏箱	467.0	29.2	518.9	32.4	583.8	36.4	667.2	41.6
40 ft 高柜冷藏箱	419.6	26.2	466.2	29.1	524.5	32.7	599.4	37.4
45 ft 高柜冷藏箱	362.1	22.6	402.3	25.1	452.6	28.3	517.2	32.3
20 ft 开顶式集装箱	690.7	43.1	767.4	47.9	863.4	53.9	986.7	61.6
40 ft 开顶式集装箱	409.1	25.5	454.5	28.4	511.3	31.9	584.4	36.5
20 ft 散货箱	714.9	44.6	794.4	49.6	893.7	55.8	1 021.3	63.7
40 ft 散货箱	407.1	25.4	452.3	28.2	508.8	31.8	581.5	36.3
20 ft 开边开顶式集装箱	685.6	42.7	761.8	47.5	857.1	53.4	979.5	61.0

注：因制造公司不同，相同规格集装箱的数据也可能有小的差别。

（2）为了准确地根据货物尺寸与重量选择合适规格的集装箱，需要在符合装运要求的集装箱中，选择弃位最小的集装箱。

选择弃位最小的集装箱，这就需要大家熟悉各种规格集装箱的内容积和内部尺寸，根据货物的尺寸和装载要求，选择与货物体积最接近的集装箱，这样才能最大限度地减少弃位，节约运费。

各种规格集装箱的参考数据如表3-3所示。

表3-3　集装箱装箱参考数据

集装箱类型	内部尺寸	箱门尺寸	自重	容积	载重量
20 ft 干货箱	L:5 919 mm W:2 340 mm H:2 380 mm	W:2 286 mm H:2 278 mm	1 900 kg 4 189 LBS	33.0 CBM 1 165 CU. FT.	22 110 kg 48 721 LBS
40 ft 干货箱	L:12 045 mm W:2 349 mm H:2 379 mm	W:2 280 mm H:2 278 mm	3 084 kg 6 799 LBS	67.3 CBM 2 377 CU. FT.	27 396 kg 60 397 LBS
40 ft 高柜干货箱	L:12 056 mm W:2 347 mm H:2 684 mm	W:2 320 mm H:2 570 mm	2 900 kg 6 393 LBS	76.0 CBM 2 684 CU. FT.	29 600 kg 65 256 LBS
45 ft 高柜干货箱	L:13 582 mm W:2 347 mm H:2 690 mm	W:2 340 mm H:2 585 mm	3 900 kg 8 598 LBS	85.7 CBM 3026 CU. FT.	28 600 kg 63 052 LBS

续表

集装箱类型	内部尺寸	箱门尺寸	自重	容积	载重量
20 ft 冷藏箱	L:5 428 mm W:2 266 mm H:2 240 mm	W:2 286 mm H:2 188 mm	2 940 kg 6 482 LBS	27.5 CBM 971 CU.FT.	24 060 kg 53 043 LBS
40 ft 冷藏箱	L:11 207 mm W:2 246 mm H:2 183 mm	W:2 216 mm H:2 118 mm	4 840 kg 10 670 LBS	54.9 CBM 1 939 CU.FT.	25 640 kg 56 526 LBS
40 ft 高柜冷藏箱	L:11 628 mm W:2 294 mm H:2 509 mm	W:2 290 mm H:2 535 mm	4 430 kg 9 766 LBS	66.9 CBM 2 363 CU.FT.	28 070 kg 61 883 LBS
45 ft 高柜冷藏箱	L:13 102 mm W:2 294 mm H:2 509 mm	W:2 290 mm H:2 535 mm	5 200 kg 11 464 LBS	75.4 CBM 2 663 CU.FT.	27 300 kg 60 185 LBS
20 ft 开顶式集装箱	L:5 919 mm W:2 340 mm H:2 286 mm	W:2 286 mm H:2 251 mm	2 174 kg 4 793 LBS	31.6 CBM 1 116 CU.FT.	21 826 kg 48 117 LBS
40 ft 开顶式集装箱	L:12 043 mm W:2 340 mm H:2 272 mm	W:2 279 mm H:2 278 mm	4 300 kg 9 480 LBS	64.0 CBM 2 260 CU.FT.	26 181 kg 57 720 LBS
20 ft 散货箱	L:5 929 mm W:2 345 mm H:2 213 mm	W:2 350 mm H:2 154 mm	1 980 kg 4 370 LBS	30.8 CBM 1 088 CU.FT.	22 020 kg 48 543 LBS
40 ft 散货箱	L:12 045 mm W:2 349 mm H:2 379 mm	W:2 350 mm H:2 154 mm	3 084 kg 6 799 LBS	67.3 CBM 2 377 CU.FT.	27 396 kg 60 397 LBS
20 ft 框架式集装箱	L:5 662 mm W:2 438 mm H:2 327 mm		2 530 kg 5 578 LBS		21 470 kg 47 333 LBS
40 ft 框架式集装箱	L:12 080 mm W:2 438 mm H:1 950 mm		5 480 kg 12 081 LBS		25 000 kg 55 115 LBS
20 ft 开边开顶式集装箱	L:5 928 mm W:2 318 mm H:2 259 mm	W:2 236 mm H:2 278 mm	2 775 kg 6 118 LBS	31.0 CBM 1 095 CU.FT.	21 255 kg 46 792 LBS
40 ft 双层重货架	L:12 065 mm W:2 216 mm		5 400 kg 11 905 LBS		39 000 kg 85 979 LBS

注：因制造公司不同，相同规格集装箱的数据也可能有小的差别。

(3) 如果几种尺寸的集装箱的最小弃位相同或相似,那么应该尽量选择大尺寸的集装箱,因为在装运相同货物的情况下,一般来说,大尺寸集装箱的拖车费、港口装卸费、海运费相对较低。

二、集装箱需用量的确定

确定了使用何种规格的集装箱,接下来还要计算集装箱的需用量。集装箱需用量的确定要以充分利用其容积为原则,一般分两种情况来考虑:

(一) 散货

因为散货基本上可以装满整个集装箱,所以弃位容积为零;首先根据货物的重量和体积,参照本节的方法,选择合适集装箱类型;然后根据以下公式计算集装箱的需求量。

某集装箱的需求量＝待运货物的总体积÷所选用的集装箱容积

(二) 件杂货

因为件杂货的大小形状不一,所以装箱前首先要估计集装箱的弃位容积;然后根据货物总重量、货物总体积和集装箱弃位容积,参照本节的方法,选择合适集装箱类型;最后,可根据经验或者利用软件进行装箱规划。

件杂货装箱还可以使用另外一种方法,即先根据经验或者利用软件进行装箱规划,装箱规划结束后,计算每个集装箱的实际装载重量,如果集装箱的实际装载重量小于该集装箱的最大装载重量,就是可行的装箱方案;否则要重新规划或者重新选择集装箱。

装箱规划是集装箱运输的一个难点,有经验的装箱师傅根据经验就可以恰当的进行装箱规划,初学者可以利用软件进行规划,市场上常见的软件有装箱大师、LoadExpert 和 truckfill21day 等。需要注意的是,装箱规划在尽量使集装箱的装载重量和容积都得到充分利用的同时,应将轻、重货物进行合理搭配与堆放,以免发生货损。

实训练习

实训目标

熟悉常见集装箱的内尺寸与外尺寸,能够根据货物的包装、种类与性质、尺寸与质量选择所需集装箱的类型和尺寸,能够确定所需集装箱的箱量。

任务导入

广州某货运代理公司本周揽到的货运任务如下。

(1) 受广州某外贸公司委托,出口优质散装无烟煤到新加坡,已知该货物堆成圆锥形,圆锥形无烟煤底面周长为 34 m,高为 3 m,该批货物总重为 62 000 kg。

(2) 受广州市某家电企业委托,出口某型号的双开门机械温控豪华冰箱 500 台到美国洛杉矶,该冰箱额定电压/频率:220 V/50 Hz,冷藏室容积:118 L,冷冻室容积:68 L,冰箱外包装纸箱尺寸为 650 mm×550 mm×1 500 mm,冰箱及外包装毛重 55 kg。

(3) 受广州市某家电企业委托,出口某型号的壁挂式冷暖型空调 1 000 台到欧洲的鹿特丹港,该空调电源性能:220 V/50 Hz,制冷量:2 600 W,制热量:3 600 W,室外机外包装纸箱尺寸:800 mm×550 mm×250 mm,室外机及外包装毛重32 kg,室内机外包装纸箱尺寸:800 mm×250 mm×200 mm,室内机及外包装毛重10 kg。

请帮该外贸公司确定货运方案,如果选择集装箱运输,请确定集装箱规格和所需箱量。

实训总结

在本任务的练习中,大家要明白以下两点。

(1) 产品的数量不同,可能适用的集装箱也不同,所以在实际货运操作中,大家要反复尝试用不同尺寸的集装箱来装载,寻求最佳的装载关系。

(2) 对于某一个生产企业或某一个专业外贸公司来说,该公司的产品是固定的,产品的包装也是固定的,货运任务中的产品包装也是固定的,那么掌握该公司产品的外包装尺寸及货物毛重等货运信息,以及该公司产品与各规格集装箱的装载关系尤为重要,而且熟悉了该公司产品的货运信息,对于今后的工作是一劳永逸的事情。

任务二 拼箱货箱量计算

货运代理公司的业务部门揽到了货运任务后,不一定都是整箱货,还有可能是拼箱货。在出货之前,首先要根据所揽货物的具体情况,估计需要哪种规格的集装箱,需要多少个集装箱,然后操作人员才能够向船公司订舱。

准确估计所需集装箱数量,对于货运代理公司来说至关重要。

Jacky是广州某货运代理公司的操作员,该公司货源充足,每周出货一次,业务部门的同事本周揽到的从广州到美国洛杉矶的货源如表3-4所示,在向船公司或船代公司订舱之前,请帮Jacky计算一下本次出货需要的集装箱箱型与箱量,并编制集装箱装箱预配清单。

表3-4 从广州到美国洛杉矶的货源统计表

序号	进仓号	货主	货物名称	货物数量	货物毛重/kg	货物体积/m³
1	A001	×××	潜水电动机	6托	2 880	1.1×0.8×0.45×6(1.1为托盘长度,0.8为宽度,0.45为高度。下同)
2	A002	×××	汽车音响	200箱	1 460	0.44×0.41×0.18×200
3	A003	×××	拉手	4托	1 390	1.58×1.10×1.04×1+1.21×1.01×1.08×2+1.58×1.1×1.21×1

续表

序号	进仓号	货主	货物名称	货物数量	货物毛重/kg	货物体积/m³
4	A004	×××	水龙头配件	123箱	2 071.18	0.4×0.4×0.35×123
5	A005	×××	不锈钢钢珠	15箱	4935	0.96×0.78×0.42×15
6	A006	×××	铰链	2托	1127.5	1.12×1.12×0.71×1+1.12×1.12×0.61×1
7	A007	×××	五金杂件	7托	3 005	1.13×1.12×1.92×1+1.13×1.12×2.09×6
8	A008	×××	五金杂件	2托	2 016.5	1.03×1.03×1.52×1+1.08×1.08×1.53×1
9	A009	×××	门五金杂件	2托	839.27	1.04×0.96×0.98×2
10	A010	×××	玻璃马赛克	5托	3 528	1.11×0.71×0.85×5
11	A011	×××	纽扣	44箱	1 091.6	0.3×0.3×0.3×44
12	A012	×××	布料	132箱	2 729.9	0.3×0.2×1.5×132
13	A013	×××	辣椒酱	4托	2 502	1.31×1.03×1.11×4
14	A014	×××	美容刷/梳、指甲钳	107箱	1 427.6	0.25×0.25×0.4×107
15	A015	×××	塑胶件/U盘塑料外壳配件	1托	246.97	1.58×1.06×1.31×1
16	A016	×××	画笔	40箱	179.2	0.37×0.17×0.15×40

对于该批货运任务,首先要区分该拼箱货是直拼还是转拼,根据拼箱货类型的不同,选择不同的拼箱操作方案;其次要统计该批货物的总质量和总体积,选择合适的集装箱箱型与箱量。

【相关知识点】

一、整箱货与拼箱货

1. 整箱货(FCL)

整箱货是指发货人一次托运的货物可以装满一个或多个集装箱。一般由发货人自行装箱,填写装箱单、场站收据,由海关加铅封。整箱货习惯上理解为"一个发货人、一个收货人"。

2. 拼箱货(LCL)

拼箱货是指发货人一次托运的货物数量较少,不能装满一个集装箱,需要与其他发货人的货物拼装于一个集装箱内进行运输。一般由集装箱货运站负责装箱,负责填写装箱单、场站收据,并由海关加铅封。拼箱货习惯上理解为"多个发货人、多个收货人"。

二、集装箱拼箱产生的原因及发展

集装箱拼箱的产生和发展是随着商品经济的发展而发展起来的,商品和货物需要不断地从生产厂家运送到最终的消费者手中,因此派生了许许多多的专门从事运输的企业和其相应的服务公司。一种服务能够独立发展,首先是整体的经济运行有这种需要;其次是在发展过程中产生了一种原先的业务无法包含的独立性;最后是把这种服务专业化后,能够产生经济优势。集装箱拼箱专业就是按照这样的发展逻辑一步一步地从整个海运业务中发展起来的。

20 世纪 70 年代,集装箱运输作为一种高效、快捷的运输方式,已经得到运输业和收发货人的普遍认同。到 20 世纪 80 年代,集装箱运输已经在全球普及,即班轮运输逐渐由传统的件杂货运输转向集装箱运输,到 90 年代集装箱班轮运输已经基本取代了件杂货班轮运输。集装箱班轮运输的发展和件杂货班轮运输的萎缩而引发的一个问题是:当国际贸易货物的批量很小,因其质量和体积小,既不适宜(指经济上不合理)使用整箱来运输,又不适宜采用其他方式运输时,将会导致出现货物买卖交易失败的结果。

为了解决这一问题,国际海上集装箱班轮船公司(以下简称为船公司)采取了承揽运输集装箱拼箱货业务的措施,并相应制定了运价,以运价本形式予以公布,承运拼箱货时,就按运价本的规定计收运费。但是,由于一些主观和客观的原因,如船公司在某一航线上因集装箱货运站场地问题或因揽货能力不足等问题,经常没有条件或无法拼足相同目的港的整箱货物。因此,船公司并没有能够全面提供这种由其承揽运输集装箱拼箱货业务的服务。

为了解决这种小批量货物需要进行拼箱后方可托运的问题,一些国际货运代理企业开始试着涉足这一拼箱货业务的领域。货运代理企业最初的做法是承揽多票各自不足以装满一个整箱的相同目的地的货物,并将其拼装于一个集装箱内,以整箱货形式交船公司承运。

三、集装箱拼箱业务介绍

集装箱拼箱是指承运人(或代理人)接受货主托运的数量不足整箱的小票货运后,根据货类性质和目的地进行分类整理,把去同一目的地的货,集中到一定数量拼装入箱。由于在一个集装箱内不同货主的货拼装在一起,所以叫拼箱。

一般来说,拼箱多在待运货物不足装满整箱时采用,拼箱时,根据集装箱内的货物是否需要中途拆箱卸货或转船,可以把拼箱进一步细分为直拼和转拼。

直拼是指在装船港把托运的同类性质、同一流向和目的港的若干票货物拼装在同一集装箱内运至目的港拆箱的运输方式。由于在同一个港口装卸,在货物到达目的港前不拆箱,它一般在具备集疏运条件的班轮基本港才能形成。此类拼箱服务运输时间短,操作方便快捷,费用相对便宜。一般货源充足的货运代理公司或航运公司会提供直拼服务。

转拼是指在装船港把托运的同类性质但不同目的港的若干票货物拼装在同一集装箱内,运至既定的中途转运港交由转运代理人接箱拆拨,再按直拼的条件与要求,拼箱后直接运至目的港的运输方式。由于集装箱内不是同一目的港的货物,需要在中途拆箱卸货或转船,造成转拼服务的操作烦琐、待船时间长,所以转拼一般运期长,运费高。造成转拼的原因一般是货运代理公司或航运公司货源不足,或者待运货物的目的港很偏僻,很难拼箱。

四、拼箱注意事项

在拼箱操作时,大家都希望箱容利用率越高越好,但是在实际操作中,即使是货源充足的转拼,也很难达到很高的箱容利用率,直拼的箱容利用率可能更低。一般来说,货运代理公司或航运公司在拼箱操作时,如果箱容利用率能达到80%,就是相当不错的成绩了。所以,大家在拼箱操作时,一定要留有余地,避免出现"爆箱"的现象,尤其是工作经验不足的新员工,尽量不要追求过高的箱容利用率。

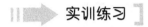

实训目标

熟悉常见集装箱的内尺寸与外尺寸,能够根据货物的包装、种类与性质、尺寸与质量选择所需集装箱的类型和尺寸,能够确定所需集装箱的箱量,并编制集装箱装箱预配清单。

任务导入

广州某货运代理公司每周出货一次,该公司业务部门本周揽到的从广州到新加坡的货源如表3-5所示,在向船公司或船代公司订舱之前,请计算一下该公司本次出货需要的集装箱箱型与箱量,并编制集装箱装箱预配清单。

表3-5 某货运代理公司从广州到新加坡的货源表

序号	进仓号	货主	货物名称	货物件数	货物毛重/kg	货物体积/m³
1	C001	×××	胶贴	1托	320	1.15×1.15×1×1(1.15为托盘长度,1.15为宽度,1为高度。下同)
2	C002	×××	LED	232箱	2 435.6	0.4×0.9×0.2×232
3	C003	×××	接着剂	14箱	346.7	0.4×0.6×0.3×14
4	C004	×××	布	9捆	189	0.45×0.35×0.95×9
5	C005	×××	五金杂件	1托	130	0.77×0.77×0.95×1
6	C006	×××	水龙头手柄	40箱	833	0.45×0.35×0.3×40
7	C007	×××	粉扑	56箱	485.1	0.6×0.44×0.43×56
8	C008	×××	二极管	13箱	200	0.48×0.35×0.45×13
9	C009	×××	汽车灯泡	191箱	2 237.5	0.45×0.3×0.25×191
10	C010	×××	转向主杆	16箱	14 283	1.5×0.7×0.65×16
11	C011	×××	化妆棉	24箱	124.2	0.45×0.45×0.45×24
12	C012	×××	压力浴缸	1箱	75	1.53×0.94×0.64×1
13	C013	×××	咖啡机	50箱	1 056.5	0.72×0.38×0.4×50

续表

序号	进仓号	货主	货物名称	货物件数	货物毛重/kg	货物体积/m³
14	C014	×××	不锈钢制品	2托	1 080.1	$1.16 \times 1.01 \times 1.85 \times 2$
15	C015	×××	锌合金水龙头手柄	70箱	1 065	$0.34 \times 0.28 \times 0.25 \times 70$
16	C016	×××	接着剂	22箱	461.6	$0.45 \times 0.4 \times 0.2 \times 22$
17	C017	×××	锂电池	6托	3 951	$1.22 \times 1.02 \times 1.38 \times 5 + 1.22 \times 1.02 \times 1.16 \times 1$
18	C018	×××	厨房用具	3托	262	$1.23 \times 1.02 \times 1.33 \times 1 + 1.22 \times 1.02 \times 0.52 \times 1 + 0.93 \times 0.61 \times 0.28 \times 1$
19	C019	×××	调味料	3托	1 480	$1.22 \times 1.02 \times 1.07 \times 2 + 1.22 \times 1.02 \times 0.9 \times 1$
20	C020	×××	液面开关组立	1托	130	$1.25 \times 1.25 \times 0.63 \times 1$
21	C021	×××	密封垫	18箱	952.5	$1.25 \times 0.7 \times 0.51 \times 1 + 0.51 \times 0.37 \times 0.29 \times 17$
22	C022	×××	泵	4托	1 600	$1.02 \times 1.15 \times 1.33 \times 3 + 1.02 \times 1.15 \times 1.17 \times 1$
23	C023	×××	弯头	2托	2 205	$1.22 \times 0.82 \times 1.01 \times 1 + 1.22 \times 0.82 \times 0.8 \times 1$
24	C024	×××	阀门	1托	1 662	$1.22 \times 1.05 \times 1.92 \times 1$
25	C025	×××	卫浴配件	4托	1 074	$1.23 \times 0.9 \times 1.54 \times 2 + 1.2 \times 0.8 \times 1.54 \times 1 + 1.23 \times 0.9 \times 1.27 \times 1$
26	C026	×××	美容套/指甲钳/清洁刷	236箱	3 649.14	$0.4 \times 0.3 \times 0.45 \times 236$
27	C027	×××	泵	1托	408	$1.03 \times 1.18 \times 0.93 \times 1$
28	C028	×××	伸缩天线	3托	521	$1.12 \times 0.88 \times 1.07 \times 3$
29	C029	×××	水龙头	12托	1 088	$1.3 \times 1.3 \times 0.7 \times 12$
30	C030	×××	化妆棉	30箱	203.2	$0.76 \times 0.33 \times 0.38 \times 30$
31	C031	×××	摩托车配件	4托	1 603.3	$1.12 \times 1.12 \times 1.18 \times 3 + 1.25 \times 1.12 \times 1.66 \times 1$

序号	进仓号	货主	货物名称	货物件数	货物毛重/kg	货物体积/m³
32	C032	×××	机电配件	3托	819.4	1.12×0.82×1.15×2+1.12×0.82×1.05×1
33	C033	×××	布料	10件	250	1.5×0.4×0.35×10
34	C034	×××	铜制品	1托	1 000	1.22×1.12×0.72×1
35	C035	×××	灯配件	50箱	530	0.45×0.35×0.25×50

任务三　订　　舱

货运代理公司的操作部门把业务部门揽到的拼箱货拼箱后,接下来的步骤就是向船公司租船订舱,订到舱位,才能安排海上运输。

任务引入

继续上一节任务二中的货运任务,Jacky 是广州某货运代理公司的操作员,公司出货日是 4 月 1 号,要求货物在 6 月 1 日前运抵目的地,请根据中远公司的船期表,帮 Jacky 完成订舱任务。

任务分析

本任务难度不大,分以下几个步骤:首先要汇总托运信息,然后要查询船期表,最后打印订舱单,向船公司订舱。

【相关知识点】

一、货代公司订舱准备

货运代理人在订舱之前,首先要根据托运人填制的托运单汇总订舱信息,然后才能向承运人或其代理人订舱。

托运单(booking note,B/N),俗称下货纸、落货纸(见附录 A),是托运人根据贸易合同和信用证条款内容填制的,向承运人或其代理人办理货物托运的单证。托运单也是托运人和承运人或其代理人之间托运货物的合约,其记载有关托运人与承运人或其代理人相互间的权利义务。承运人或其代理人根据托运单内容,并结合船舶的航线、挂靠港、船期和舱位等条件考虑,认为合适后,即接受托运。

二、货代公司订舱

货运代理人填制集装箱货物订舱单,在截单日前向船公司或其代理人所营运的船舶办理托运订舱,以得到船公司或其代理人确认的过程称为订舱。简单地说,订舱就是向实际承运人确认船舶船名、航次,获得提单号及提单的过程。

现代海上班轮运输以集装箱运输为主,为简化手续就以十联单(第一联、第七联和第九联见附录 B、C、D)作为集装箱货物的托运单和订舱单。十联单是国际集装箱专用出口货运单证,与传统件杂货运输使用的托运单证比较,十联单是一份综合性单证,它把货物托运单、订舱单、装货单(关单)、大副收据、理货单、配舱回单、运费通知等单证汇成一份,这对于提高集装箱货物托运效率和加快流转速度有很大意义。

十联单是集装箱运输重要出口单证,其各联组成如下。

第一联:集装箱货物托运单(货主留底)(B/N,booking note)　　　　　白色
第二联:集装箱货物托运单(船代留底)　　　　　　　　　　　　　　　白色
第三联:运费通知(1)　　　　　　　　　　　　　　　　　　　　　　　白色
第四联:运费通知(2)　　　　　　　　　　　　　　　　　　　　　　　白色
第五联:场站收据副本(装货单)(S/O,shipping order)　　　　　　　白色
第六联:场站收据副本(大副联)　　　　　　　　　　　　　　　　　　粉红色
第七联:场站收据(正本联)(D/R,dock receipt)　　　　　　　　　　淡黄色
第八联:货代留底　　　　　　　　　　　　　　　　　　　　　　　　　白色
第九联:配舱回单(1)　　　　　　　　　　　　　　　　　　　　　　　白色
第十联:配舱回单(2)　　　　　　　　　　　　　　　　　　　　　　　白色

场站收据是由承运人签发的证明已收到托运货物并对货物开始负有责任的凭证,场站收据一旦经承运人或其代理人签收,就表明承运人已收到货物,责任也随之产生。场站收据一般是由托运人口头或书面订舱,与船公司或船代达成货物运输的协议,船代确认订舱后交托运人或货代填制,在承运人委托的码头堆场、货运站或内陆货站收到整箱货或拼箱货后签发生效,托运人或其代理人可凭场站收据向船代换取已装船或待装船提单。在实际业务过程中,集装箱货物出口中使用的场站收据多数由发货人或其代理人填制,并根据业务所需送交相关部门,以取得货物舱位、出口放行、准予装船等。

三、船公司订舱处理

船公司或其代理人审核订舱单,确认无误可以接受订舱后,在装货单(场站收据副本)上签字盖章,以表明承运货物的"承诺",填写船名、航次、提单号,然后留下船代留底和运费通知(一)、(二)联,将其余各联退还给货运代理人作为对该批货物订舱的确认,以备向海关办理货物出口报关手续;而船公司或其代理人则在承诺承运货物后,根据集装箱货物订舱单的船代留底联缮制集装箱货物清单,分送集装箱堆场和集装箱港务公司(或集装箱装卸作业区),据以准备空箱的发放和重箱的交接、保管及装船。

利用集装箱运输货物,需要进行正确的配载。配载时需要正确掌握货物的知识,这不仅要选择适合于集装箱的货物,而且也要选择适合于货物的集装箱。因此,在提取空箱之前应全面考虑这些问题,编制好集装箱预配清单,按预配清单的需要提取空箱。

在订舱中,船公司会根据船舶舱位供应情况事先对客户预报舱位需求进行分配,由于在各条航线营运中普遍存在航线淡季缺货明显、旺季爆仓严重等现象,所以在个别季节可能出现货运代理公司在订舱中船公司没有足够可用舱位的情况,这个时候就需要货运代理公司与发货人进行协商,是否改配其他航次船舶或者重新选择船公司。如果舱位条件许可,船公司将会根据货运代理公司提交的委托书进行审核,这个过程在实际业务过程中,也称为"审单"。审单的主要内容包括以下几个方面。

(1) 发货人、收货人及通知人要有详细的公司名称、地址、电话或传真。若信用证等规定不显示发货人、收货人、通知人及其地址、电话、传真等信息,在签发提单时可以根据信用证的要求予以省略,但是在订舱时必须提供并注明签发提单时省略。

(2) 船名、航次、挂靠港口与船公司公布的船期表一致,所选港口与客户需求一致,航线转运路径正确无误。如果船公司船期有变更,则根据调整后的最新船期通知客户,并得到客户的确认。

(3) 运输条款必须与船公司约定的条款一致。如对于某些大件货物运输只能接受 WATER TO WATER 的条款,如果在订舱时选择的条款为 CY TO CY,则在装卸港船公司将承担额外吊装和卸货费用。另外,运输条款必须与事先约定运价条款一致,否则由于运价条款不一致,运费将产生错误。如对于 Chicago(IL),如果事先确认运价条款为 CY TO DR,如果订舱时错误的将运价条款打成 CY TO CY,即使船公司 CY TO DR 的运输成本低于 CY TO CY,由于运价报备的条款为 CY TO DR,这时候将出现运价协议中无匹配运价的情况,运费将根据船公司 Tariff 运价本计算,将产生较大运价差距。

(4) 货物的数量、中英文品名、重量、尺码、付费方式必须明确注明,同时,对于特殊类别货物必须提供额外的注明以便订舱。

(5) 出具的提单类型必须明确,即需要船公司出具正本提单还是海运单,同时必须注明所需的提单份数。

(6) 目前船公司订舱普遍分为手工订舱和 EDI 电子订舱两种,如果是手工订舱,在货运代理公司委托书上必须同时加盖委托方公章或有委托方明显的标志名称。

(7) 箱量、箱型准确无误,所有的冷冻箱必须显示冷藏温度;框架箱、平板箱、开顶箱订舱时是否超过箱体尺寸,都必须同时申报积载货物的尺码。

(8) 危险品必须注明该危险品对应的危险品级别、联合国编号、危规页码,提供经港监审核的危险货物安全适运申报单及危险品中英文说明书。

(9) 自拼箱、CY/CY 条款、各票之间收货人和通知人(包括详细地址、电话)必须完全一致。

四、订舱及后续工作流程

订舱及后续工作流程可以用图 3-4 表示。

关于图 3-4 的说明如下。

(1) 货运代理接受托运人的委托后填制一式十联场站收据,并将第 1 联(货主留底联)由货主留存以备查询,将其余 9 联送船公司或船代,申请订舱。

(2) 船公司或船代经审核确认接受订舱申请,确定船名航次、给每票货物一个提单号,将提单号填入 9 联单相应栏目,并在第 5 联(装货单联)加盖确认订舱章,然后留下第 2 至第 4 联,其

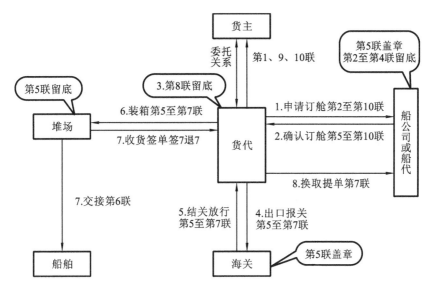

图 3-4 订舱及后续工作流程

余第 5 至第 10 联退还托运人或货代。

(3) 货代留下第 8 联(货代留底联)用于编制货物流向单及作为留底以备查询。并将第 9 联[配舱回单(1)联]退给托运人作为缮制提单和其他货运单证的依据;如果由货代缮制单证,则不需退还给托运人。

(4) 货代将第 5 至第 7 联(已盖章的装货单联、缴纳出口货物港务申请书联、场站收据大副联、场站收据正本联)随同报关单和其他出口报关用的单证向海关办理货物出口报关手续。

(5) 海关接受报关申报后,经过查验合格、征关税后对申报货物进行放行,在第 5 联(装货单联)上加盖海关放行章,并将第 5 至第 7 联退还给货代。

(6) 货代将退回的第 5 至第 7 联及第 10 联[配舱回单(2)联]随同集装箱或待装货物送装箱地点(货主指定地方、CY 或 CFS)装箱。

(7) CY 或 CFS 查验集装箱或货物后,先查验第 5 联的海关放行章,再检查进场货物的内容、箱数、货物总件数是否与单证相符。若无异常情况则在第 7 联(场站收据正本联)上加批实收箱数并签字、加盖场站收据签证章,在第 10 联[配舱回单(2)联]上签章;如实际收到的集装箱货物与单证不符,则需在第 5 联、第 10 联上做出批注,并将其退还货代或货主,而货代或货主则须根据批注修改已缮制的提单等单证。场站留下第 5 和第 6 联:第 5 联(装货单联)归档保存以备查询;第 5 联附页用来向托运人或货代结算费用;第 6 联(大副收据联)连同配载图应及时转交理货部门,由理货员在装船完毕后交船上大副留底。第 7 联(场站收据正本联)应退回托运人或货代。

(8) 托运人或货代拿到第 7 联(场站收据正本联),并凭此要求船代签发正本提单(装船前可签发收货待运提单,装船后可签发已装船提单)。但在实际业务中,托运人或货代并不取回第 7 联,而是在集装箱装船 4 h 内,由船代在港区和现场人员与港区场站签证组交接将其带回,船代据此签发装船提单。

实训练习

实训目标

熟悉订舱操作的业务流程,能够根据船公司的船期表查询符合本公司要求的船期。

任务导入

请帮任务二的实训练习中的货物租船订舱,假定发货日期为 5 月 1 日左右,要求货物 7 月 1 日前到达目的港。请通过网络或者其他途径索取下列船公司的船期表,查询出所有符合要求的船期。

马士基航运(MAERSK,丹麦)、地中海航运(MSC,瑞士)、达飞轮船(CMA CGM,法国)、长荣海运(EVERGREEN,中国台湾)、赫伯罗特(HAPAG-LIOYD,德国)、美国总统(APL,新加坡)、南美轮船(CSAV,智利)、中远集运(COSCON,中国)、韩进海运(HANJIN,韩国)、中海集运(CSCL,中国)、商船三井(MOL,日本)、日本邮船(NYK,日本)、汉堡南美(HAMBURG SUD,德国)、东方海外(OOCL,香港)、川崎汽船(KLINE,日本)、以星航运(ZIM,以色列)、阳明海运(YANG MING,台湾)、现代商船(HYUNDAI,韩国)、太平船务(PIL,新加坡)、阿拉伯轮船(USAC)。

查询出所有符合要求的船期后,了解这些公司的订舱业务流程。

任务四 船公司放箱

任务引导

货运代理公司向船公司租船订舱成功后,船公司就会放箱。货运代理公司接下来就要联系拖车行,安排集装箱空箱提取等工作。

取箱时,操作人员一定要仔细查看,防止提错集装箱。只有熟悉了集装箱表面的各种符号,才能顺利提箱,认识集装箱也是集装箱运输的基础,本节就来一起认识一下集装箱表面的各种符号。

任务引入

某集装箱箱门上的符号如图 3-5 所示。
(1) 请说出该集装箱箱门上的每一个符号的含义。
(2) 因为方框中的数字模糊无法辨认,请根据其他信息推断方框中的数字。

任务分析

在图 3-5 中,包含的内容有以下几点:该集装箱的箱主即该集装箱的所有人、该集装箱的顺

```
CCLU   600927  □
       45G1

MAX.GROSS   30,480 KG
            67,200 LB

TARE        4,000 KG
            8,820 LB

NET         26,480 KG
            58,380 LB

CU.CAP.     76.3  CU.M.
            2,695 CU.FT.
```

图 3-5　某集装箱箱门上的符号

序号、该集装箱的核对码、该集装箱的尺寸、该集装箱的最大负荷质量、该集装箱的自重、该集装箱的最大装载质量、该集装箱的容积等。

要想认识这些符号,就需要学习一下 ISO 所制订的国际集装箱标记标准等相关知识。

【相关知识点】

一、货运代理公司提取空箱的业务操作

提取空箱是指在整箱货的情况下货运代理代表托运人持承运人签发的有关提箱凭证向货运站场提取空箱的过程。

船公司或其代理人在接受订舱、承运货物后,即签发集装箱空箱提交单,连同集装箱设备交接单(见附录 D)一并交给托运人或其货运代理人,凭单据到集装箱堆场或内陆集装箱站提取空箱。而在承运人的集装箱货运站装箱时,则由货运站提取空箱。不论由哪一方提取空箱,都必须事先缮制出场设备交接单。提取空箱时,必须向堆场提交空箱提交单,并在堆场的检查站或门卫处,由双方在集装箱设备交接单上签字交接,各执一份。应该特别注意的是,在交接时或交接前应对集装箱外部、内部、箱门、附件和清洁状态进行检查。

在实际业务过程中,各家船公司在放箱时所要求提交的单证和资料都不尽相同,即使是同一家船公司在不同地区放箱时需提供的资料也略有差异,这里我们以常见的几家船公司在放箱时的要求为例进行说明。

(1) 马士基航运(MAERSK,丹麦):凭二联托运单及装箱单到 MAERSK 开箱单,不接受传真放箱。

(2) 地中海航运(MSC,瑞士):提供七联托运单、一张对外配载清单及装箱单(需盖中转港确认章)即可开箱单,不可传真放箱。

(3) 达飞轮船(CMA CGM,法国):提供一联托运单及装箱单即可,而美西线则需二联托运单,其中一联船公司盖上订舱确认章,用于到船代订舱,不允许传真放箱。

(4) 长荣海运(EVG,台湾):若为一个柜子,则只需提供四联托运单及装箱单,前两联船公司留底,第三联盖船公司放箱单,第四联盖船公司订舱章。若为数个柜子则在上述基础上多加数张托运单,用来盖放箱章,支线船则不用提供装箱单,可用"借箱保函"传真放箱。

(5) 赫伯罗特(HAPAG-LIOYD,德国):用传真提单 Copy 件到船公司,待船公司确认后在

Copy件上注明HPL大提单号及Booking号,然后凭所回传的确认件及一张对外配载清单到外代开箱单。除内支线外,其他航线均需在装箱单上盖中转港确认章。

(6) 美国总统(APL,新加坡):提供两联托运单及装箱单即可开箱单,可传真放箱。

(7) 南美轮船(CSAV,智利):凭七联运托单(注明品名,预付货则注明运价)和装箱单即可开箱单,CSCL会在第二联和第五联上加盖签单章,凭第二联即可提箱,除特殊情况外一般不允许传真放箱。

(8) 中远集运(COSCON,中国):提供七联托运单和一张对外配载清单即可开箱单,若为直航船还需提供装箱用来盖进港确认章,可传真放箱。

(9) 商船三井(MOSK,日本):凭两张托运单即可开箱单,若为预付货则需注明运价,除支线(内支线、釜山)船外,其他航线均需在装箱单上盖中转港确认章,紧急情况下可传真放箱。

(10) 日本邮船(NYK):凭两张托运单即可开箱单(随附NYK提单号标签),若为预付货注明运价,除内支线外,其他航线均需在装箱单上盖中转港确认章,紧急情况下可传真放箱。

(11) 东方海外(OOCL,香港):凭两联托运单(粘上提单号小标签)和装箱单到船公司开箱单即可,一联托运单船公司留底,另一联则盖上OOCL订舱确认章用于到船代或外代订舱,除特殊情况外一般不接受传真放箱。

(12) 川崎汽船(KLINE,日本):在KLINE提供的预配清单上写明所订货物的提单号、箱型、箱数、目的港、毛重、货名、发货人、收货人及运费条款(预付还需注明运价),待船公司确认后回传预配清单及放箱单,凭确认好的预配清单并附装箱单到船代或外代盖中转港确认章,提箱时需在放箱单上盖公司业务章(需正本),不可以传真放箱。

(13) 以星航运(ZIM,以色列):凭一联托运单即可开箱单,若为预付,须在托运单上注明预付运价,若为到付货,则在托运单上写上无箱贴、无佣金。除支线船外,其他航线均需在装箱单上盖中转港确认章,可以传真放箱。

(14) 现代商船(HMM,韩国):传提单copy件到现代海运,待其确认后,凭此确认件、装箱单及一张对外配载清单到外代开箱单,不接受传真放箱。

(15) 太平船务(PIL,新加坡):凭七联托运单与装箱单即可开箱单,可传真放箱。

(16) 万海(WHL,台湾):提供两联托运单即可,船公司在每一联上敲订舱章(到外运订舱用),并带回放箱通知书(有几个箱子就几张),船公司不允许传真放箱。

二、国际标准集装箱的标志

为了便于对集装箱在流通和使用过程中进行识别和管理,便于单据编制、信息传输和集装箱的使用,ISO制订了集装箱标记标准,集装箱标记位置立体图如图3-6所示。ISO制定的标记有必备标记、自选标记、通行标记三类,必备标记和自选标记又分为识别标记和作业标记两种。

(一) 必备标记

1. 识别标记

识别标记从左到右由箱主代号及设备标识码、顺序号、核对码三部分共11个字符组成,它们构成了集装箱全球唯一的识别代号,我们把它叫做集装箱号。

如图3-7所示,TRL为箱主代号,U为设备标识码,543862为顺序号,方框里的0为核对码。

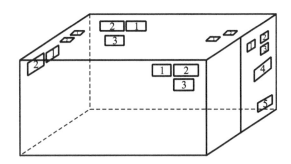

图 3-6 集装箱标记位置立体图

1—箱主代码及设备标识码;2—顺序号及核对码;3—尺寸及类型代码;
4—质量和容积标记;5—牌照(有时牌照也会安装在左边的门上)

图 3-7 箱号图

1) 箱主代号及设备识别代号

箱主代号及设备标识码一般用四个字母连续排列,称为集装箱号前缀。其中,箱主代号是集装箱所有人的代号,用三个大写的拉丁字母表示。为防止箱主代号出现重复,所有箱主在使用代号之前应向国际集装箱局登记注册,国际集装箱局每隔半年公布一次在册的箱主代号。

设备标识码由国际集装箱局规定,分别为"U"、"J"、"Z"3 个字母,U 表示集装箱,J 表示集装箱所配置的挂装设备,Z 表示集装箱专用车和底盘车。

常见船公司的集装箱号前缀表如表 3-6 所示。

表 3-6 常见船公司的集装箱号前缀表

船公司	常见前缀	船公司	常见前缀
马士基	MAEU MASU MARU	长荣海运	EVRU EVEU
铁行渣华	PONU POLU	东方海外	OOCU OOLU
立荣海运	UNLU UNGU	地中海	MSCU
现代	HYNU HYGU	以星	ZIMU ZCSU
阳明	YWLU YMGU	法国达飞	CMAU CMCU
美国总统轮船	APLU APLS APSU	正利	CNCU
赫伯罗特	HPLU SUDU	中海	CSLU CCLU
高丽海运	KMTU	日本邮轮	NYKU
万海	WHLU	意大利邮轮	LTLU
北欧亚	NORU	太平	PILU
宏海	RCLU	远东	FESU
中远集运	COSU CBHU	川崎汽船	KKLU KLEU KLGU
公共租柜	TGHU TRLU TEXU GSTU CRXU UESU CAXU BESU XINU GIFU		

2）顺序号

顺序号又称箱号，由箱主或经营人自编，用6位阿拉伯数字表示，如果有效数字不足6位，则在前面加0，补足6位。其中第一位数字表示集装箱的规格，通常数字2、3开头的是小柜，7、8开头的是大柜。

3）核对码

核对码由前面4位字母和6位数字经过核对规则运算得到，用一位阿拉伯数字来表示，列于6位箱号之后，置于方框之中。

在集装箱的识别标记中设置核对码的目的，是为了防止箱号在记录时发生差错。运营中的集装箱频繁地在各种运输方式之间转换，每进行一次转换和交接，就要记录一次集装箱号。在多次记录中，如果偶然发生差错，记错一个字符，就会使该集装箱从此"下落不明"。为了避免发生此类丢失集装箱及所装货物的事故，人们在集装箱号中就设置了一个核对码，以核对箱主代号、设备标识码和顺序号在数据传输或记录时的准确性。

在集装箱运行中，每次交接记录箱号，在将"箱主代号"与"箱号"录入计算机时，计算机就会自动按上述原理计算"核对数字"；当记录人员录入最后一位"核对数字"时，如果与计算机计算数字不符，计算机就会提醒箱号记录"出错"。这样，就能有效避免箱号记录出错的事故。

实践中，人们可以由箱主代号、设备标识码及顺序号通过一定的规则运算，得到核对码；也可以在国际集装箱局的网站上录入箱主代号、设备标识码及顺序号，查询得到核对码（http://www.bic-code.org/calculate-the-check-digit-online.html）。

2. 作业标记

作业标记包括以下几个方面。

1）质量标记

集装箱的质量标记包括最大负荷质量标记、自重标记和最大载重标记。

自重指集装箱空箱的质量，用 TARE 来表示；最大载重指集装箱最大允许装载的货物质量，用 NET 来表示；最大负荷质量是自重与最大载重之和，用 MAX.GROSS 来表示，即

$$MAX.GROSS = TARE + NET$$

标识三种质量时，同时用千克（kg）和磅（lb）两种单位表示。

2）容积标记

在三种重量标记的下方，还同时用立方米（CU.M.）和立方英尺（CU.FT.）两种单位标识了集装箱的最大内容积，用 CU.CAP.（cube capacity）来表示。

某集装箱的重量标记和容积标记如图3-8所示。

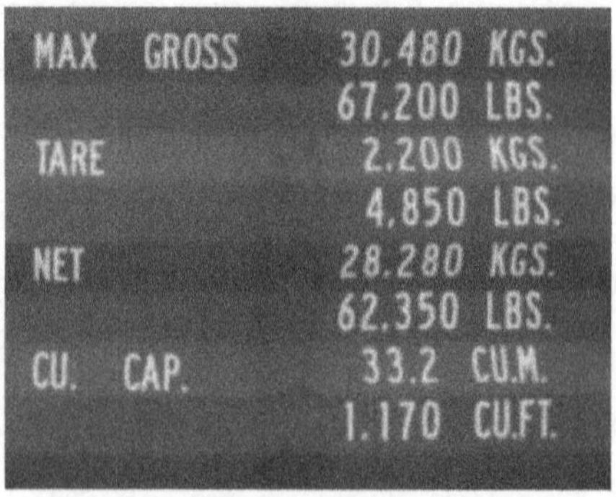

```
MAX  GROSS    30.480 KGS.
              67.200 LBS.
TARE           2.200 KGS.
               4.850 LBS.
NET           28.280 KGS.
              62.350 LBS.
CU. CAP.       33.2 CU.M.
               1.170 CU.FT.
```

图3-8 重量标记和容积标记图

通过图 3-8 所示,我们可以得知:
(1) 该集装箱最大负荷重量 30 480 千克或 67 200 磅;
(2) 集装箱自重 2 200 千克或 4 850 磅;
(3) 集装箱最大载重 28 280 千克或 62 350 磅;
(4) 集装箱最大内容积为 33.2 立方米或 1 170 立方英尺。

注意:由于集装箱所使用材料和制造工厂不同,即使是同一种类的集装箱,其尺寸和质量参数也会有差异。

集装箱外表面的度量衡单位

由于东西方文化和常用度量衡的不同,集装箱的外表面不仅有千克和立方米这样的国际通用度量衡单位,还有磅和立方英尺等英美制度量衡单位,它们的换算关系如下:

1 磅=0.453 592 37 千克

1 英尺=0.304 8 米

那么,请大家动手计算一下,图 3-8 中用不同单位标出的最大负荷重量、自重、最大载重、最大内容积一样吗?

3) 空陆水联运集装箱标记

空陆水联运集装箱是可在飞机、船舶、卡车、火车之间联运的集装箱,装有顶角件和底角件,具有与各种运载工具拴固系统相配合的拴固装置,箱底便于冲洗,并能用滚装装卸系统进行装运。此种集装箱适用于空运,并可与地面运输方式(如公路、铁路及水运)相互交接联运。由于这种集装箱自重较轻,结构较弱,强度仅能堆码两层,为此,国际化标准组织规定了特殊的标记,空陆水联运集装箱标记如图 3-9 所示。

该标记应置于侧壁和端壁的左上角。其含义如下:在陆地上堆码时只允许在箱上堆码两层;在海上运输时,不准在甲板上堆码,在舱内堆码时只能堆装一层。

图 3-9　空陆水联运集装箱标记

图 3-10　登箱顶触电警告标记

4) 登箱顶触电警告标记

凡装有登箱顶梯子的集装箱应设登箱顶触电警告标记,如图 3-10 所示。该标记一般设在罐式集装箱上,位于邻近登箱顶的扶梯处,以警告登梯者有触电危险并加以注意。

5）高柜标记

一般高度超过2.6米（8.5英尺）的集装箱会贴上超高标记，该标记为在黄色底上标出黑色数字，四周加黑色边框，字迹要求清晰。此标记一般在集装箱的侧壁右下方或者门上，如图3-11所示，表示该集装箱高2.9米，即9英尺6英寸。

同时，还应在上端梁和上侧梁靠近顶角件处，标示黄黑相间的斑马线。

图3-11　高柜标记

（二）自选标记

1. 识别标记

识别标记位于集装箱号下方，由尺寸代码与类型代码组成。

1）尺寸代码

尺寸代码以两个字符表示。第一个字符表示箱长，第二个字符表示箱宽与箱高，详见表3-7。

表3-7　集装箱尺寸代码表

箱　　长		代码	箱　　长		代码	箱宽 2 438 mm (8 ft)		
mm	ft		mm	ft		箱高	代码	
						mm	ft,in	
2 991	10	1	7 450	—	D	2 438	8′	0
6 058	20	2	7 820	—	E	2 591	8′6″	2
9 152	30	3	8 100	—	F	2 743	9′	4
12 192	40	4	12 500	41	G	2 896	9′6″	5
未定号		5	13 106	43	H	>2 896	>9′6″	6
未定号		6	13 600	—	K	1 295	4′3″	8
未定号		7	13 716	45	L	≤1 219	≤4′	9
未定号		8	14 630	48	M			
未定号		9	14 935	49	N			
7 150	—	A	16 514	—	P			
7 315	24	B	未定号		R			
7 430	—	C						

2）类型代码

集装箱的类型和其特征用两位字符表示。第1个字符用一个拉丁字母表示类型，第2个字符用一个阿拉伯数字表示类型的特征，详见附录E（集装箱类型代号表）。

2. 作业标记

作业标记主要为"国际铁路联盟标记"。中国和西亚、欧洲各国铁路车辆往来频繁,而各国铁路都有各自的规章制度,手续也极为复杂,为了简化手续而对旅客、货物、车体及其他业务方面作了专门的规定,并制定了《国际铁路联盟条例》。

《国际铁路联盟条例》对集装箱的技术条件作了许多规定,满足该条例中规定的集装箱可以获得"国际铁路联盟"标记,即表示该集装箱已取得"国际铁路联盟"各缔约国的承认。在欧洲铁路上运输集装箱时,该标记是必备的通行标志。

标记中方框上部的"ic"字样表示国际铁路联盟(Union International des chemins de Fer),方框下部的数字表示各国铁路公司的代号(数字代号及字母代号),图3-12 标志中的"33"是中华人民共和国铁路,其他国家的代码详见附录F(铁路联盟标准数字代码及字母代码表)。

图 3-12　国际铁路联盟标记

(三) 通行标记

集装箱除了有必备标记和自选标记外,还必须有一些允许其在各国间通行的标记,称为"通行标记",现有的通行标记有批注牌照、检验合格徽等。

1. 牌照

国际集装箱安全公约(International Convention for Safe Container,简称 CSC 公约)规定,集装箱制造完成后,必须经过主管部门检验合格后,才能申请牌照,才能在流通中使用。

集装箱的牌照是一块长方形耐腐蚀金属板,安装在集装箱的门上,牌照的主要内容如图3-13所示。

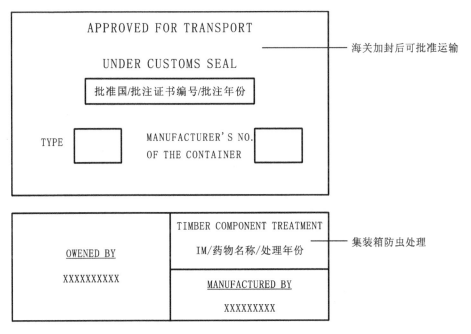

图 3-13　集装箱牌照

```
            CSC    SAFETY    APPROVAL
         ┌─────────────────────────────┐
         │ 批准国/批注证书编号/批注年份 │
         └─────────────────────────────┘
      DATE MANUFACTURED ——————————————————— 出厂日期
      IDENTIFICATION NO. ————————————————— 集装箱编号
      MAXIMUM GORSS WEIGHT ———————————————— 最大负荷重量
      ALLOW. STACK. WT. 1.8G —————————————— 1.8 g时，最大堆码重量
      RACKING TEST LOAD VALUE ————————————— 横向推拉负荷
```

续图 3-13

2. 检验合格徽

集装箱上的牌照主要是确保集装箱不对人的生命安全造成威胁；此外，还应确保集装箱不对运输工具（船舶、拖车等）的安全造成威胁。为此，检验机构还要对集装箱进行各种实验，实验合格后，在箱门左上角贴上检验机构的检验合格徽。

世界上著名的检验机构有美国船级社、法国船级社、德国劳埃德船级社、中国船级社等。中国和法国船级社的检验合格徽如图 3-14 和图 3-15 所示。

图 3-14　中国船级社的检验合格徽

图 3-15　法国船级社的检验合格徽

三、集装箱核对码的计算与查表

（一）集装箱核对码的计算

集装箱识别标记中的"自检测系统"就是通过一定规则的计算，得出集装箱核对码，其计算方法如下。

（1）将箱主代号 4 个字母与箱号 6 位阿拉伯数字视作一组，共 10 个字符。前 4 位字母字符一一与等效数值对应，见表 3-8。

表 3-8　等效数值表

字母	等效数值	字母	等效数值	字母	等效数值	字母	等效数值
A	10	H	18	O	26	V	34
B	12	I	19	P	27	W	35
C	13	J	20	Q	28	X	36
D	14	K	21	R	29	Y	37
E	15	L	23	S	30	Z	38
F	16	M	24	T	31		
G	17	N	25	U	32		

（2）箱主代号的4个等效数值与6位箱号，共10个数字，分别乘以$2^0 \sim 2^9$的加权系数。

（3）将所有乘积累加，然后除以模数11，所得的余数，查"余数与核对数值对照表"（见表3-9），就可求得"核对数字"。

表 3-9　余数与核对数值对照表

余数	核对数字	余数	核对数字	余数	核对数字
10	0	6	6	2	2
9	9	5	5	1	1
8	8	4	4	0	0
7	7	3	3		

核对数字具体计算方法举例如下。

例：某集装箱的箱号为ABZU123456，求其核对数字。

其等效数值、加权系数和乘积之和可列表求得（见表3-10）。

表 3-10　求核对数字的计算表

名　称	代　号	等效数值	加权系数	乘　积
箱主代号	A	10	2^0	10
	B	12	2^1	24
	Z	38	2^2	152
	U	32	2^3	256
顺序号	1	1	2^4	16
	2	2	2^5	64
	3	3	2^6	192
	4	4	2^7	512
	5	5	2^8	1 280
	6	6	2^9	3 072
合计				5 578

从表 3-10 中得知,乘积之和为 5 578,除以模数 11,即 5 578/11＝507,余数为 1,查表 3-9,当余数为 1 时,核对数字为 1。

以上是核对数字的理论计算方法。

(二) 集装箱核对码的查表

此外,还有一种用表来查找核对数字的方法,使用时较为简便。

1. 查表法

查表法就是查询六个方形表,见表 3-11。

表 3-11　核对数值查找表

第 1 个方形表　　　　　　　　　　　　　箱主代号表

											箱主代号			
0-	0	9	7	5	3	1		8	6	4	2	CTIU	LTLU		
1-	2	0	9	7	5	3	1		8	6	4	CLOU	ICCU		
2-	4	2	0	9	7	5	3	1		8	6	SCPU	TSCU		
3-	6	4	2	0	9	7	5	3	1		8	ICSU	COWU		
4-	8	6	4	2	0	9	7	5	3	1		SSIU	ASCU		
5-		8	6	4	2	0	9	7	5	3	1	SCXU	CATU		
6-	1		8	6	4	2	0	9	7	5	3	MMML	CATU		
7-	3	1		8	6	4	2	0	9	7	5	JCGL	HKIU		
8-	5	3	1		8	6	4	2	0	9	7	XTRU	NICU		
9-	7	5	3	1		8	6	4	2	0	9	UFCU	INTU		
10-	9	7	5	3	1		8	6	4	2	0	DRXU	SLCU		

第 2 个方形表　　　　　　　　　　　　　第 3 个方形表

0	1	2	3	4	5	6	7	8	9		0	5		4	9	3	8	2	7	1	6
	0	1	2	3	4	5	6	7	8	9	6	0	5		4	9	3	8	2	7	1
9		0	1	2	3	4	5	6	7	8	1	6	0	5		4	9	3	8	2	7
8	9		0	1	2	3	4	5	6	7	7	1	6	0	5		4	9	3	8	2
7	8	9		0	1	2	3	4	5	6	2	7	1	6	0	5		4	9	3	8
6	7	8	9		0	1	2	3	4	5	8	2	7	1	6	0	5		4	9	3
5	6	7	8	9		0	1	2	3	4	3	8	2	7	1	6	0	5		4	9
4	5	6	7	8	9		0	1	2	3	9	3	8	2	7	1	6	0	5		4
3	4	5	6	7	8	9		0	1	2	4	9	3	8	2	7	1	6	0	5	
2	3	4	5	6	7	8	9		0	1		4	9	3	8	2	7	1	6	0	5
1	2	3	4	5	6	7	8	9		0	5		4	9	3	8	2	7	1	6	0

第 4 个方形表

0	3	6	9	1	4	7		2	5	8
8	0	3	6	9	1	4	7		2	5
5	8	0	3	6	9	1	4	7		2
2	5	8	0	3	6	9	1	4	7	
	2	5	8	0	3	6	9	1	4	7
7		2	5	8	0	3	6	9	1	4
4	7		2	5	8	0	3	6	9	1
1	4	7		2	5	8	0	3	6	9
9	1	4	7		2	5	8	0	3	6
6	9	1	4	7		2	5	8	0	3
3	6	9	1	4	7		2	5	8	0

第 5 个方形表

0	4	8	1	5	9	2	6		3	7
7	0	4	8	1	5	9	2	6		3
3	7	0	4	8	1	5	9	2	6	
	3	7	0	4	8	1	5	9	2	6
6		3	7	0	4	8	1	5	9	2
2	6		3	7	0	4	8	1	5	9
9	2	6		3	7	0	4	8	1	5
5	9	2	6		3	7	0	4	8	1
1	5	9	2	6		3	7	0	4	8
8	1	5	9	2	6		3	7	0	4
4	8	1	5	9	2	6		3	7	0

第 6 个方形表

0	9	7	5	3	1		8	6	4	2	-0
2	0	9	7	5	3	1		8	6	4	-1
4	2	0	9	7	5	3	1		8	6	-2
6	4	2	0	9	7	5	3	1		8	-3
8	6	4	2	0	9	7	5	3	1		-4
	8	6	4	2	0	9	7	5	3	1	-5
1		8	6	4	2	0	9	7	5	3	-6
3	1		8	6	4	2	0	9	7	5	-7
5	3	1		8	6	4	2	0	9	7	-8
7	5	3	1		8	6	4	2	0	9	-9
9	7	5	3	1		8	6	4	2	0	-0

每一个方形表中分 11 行和 11 列。在第 1 个方形表的右边为箱主代号表,知道该箱主代号,即可从表中查找某一顺序号的核对数字。

查找时其步骤如下。

第一步:先找出或计算出箱主代号位于哪一行。
第二步:从第 1 个方形表中找出第 1 位顺序号数字的列数。
第三步:在相对于该列的第 2 个方形表中,找出第 2 位顺序号数字的行数。
第四步:在相对于该行的第 3 个方形表中,找出第 3 位顺序号数字的列数。
第五步:在相对于该列的第 4 个方形表中,找出第 4 位顺序号数字的行数。
第六步:在相对于该行的第 5 个方形表中,找出第 5 位顺序号数字的列数。
第七步:在相对于该列的第 6 个方形表中,找出第 6 位顺序号数字的行数。
第八步:在该行方形表右侧的数字,即为该箱主代号和顺序号的核对数字。

2. 查表举例

例：查找 ABZU 123456 的核对数字。

先计算 ABZU 箱主代号的行数，箱主代号的行数可通过表 3-12 计算得到。

表 3-12　查找箱主代号行数表

	1st	2nd	3rd	4th		1st	2nd	3rd	4th
AKU	10	9	7	3	FPZ	5	10	9	7
BLV	1	2	4	8	GQ	6	1	2	4
CMW	2	4	3	5	HR	7	3	6	1
DNX	3	6	1	2	IS	8	5	10	9
EOY	4	8	5	10	JT	9	7	3	6

第一步：先从表 3-12 中第 1 列里(1st)查得箱主代号第 1 个字母"A"的相应值为 10。
第二步：再从表 3-12 中第 2 列里(2nd)查得箱主代号第 2 个字母"B"的相应值为 2。
第三步：再从表 3-12 中第 3 列里(3rd)查得箱主代号第 3 个字母"Z"的相应值为 9。
第四步：再从表 3-12 中第 4 列里(4th)查得箱主代号第 4 个字母"U"的相应值为 3。
第五步：把 4 个字母查得的相应值相加，即：
第 1 个字母 A 相应值 10；
第 2 个字母 B 相应值 2；
第 3 个字母 Z 相应值 9；
第 4 个字母 U 相应值 3；
将相应值相加，10＋2＋9＋3＝24。
第六步：将其和"24"除以模数 11，则 24÷11＝2，余数为 2。
第七步：余数为 2，即箱主代号位于箱主代号表的第 2 行。
知道箱主代号位于箱主代号表的哪一行，就可以继续查表了，查表过程如下：
从第 1 个方形表中查得"2"行中"1"为第 8 列；
在第 2 个方形表的第 8 列中查到"2"为第 6 行；
在第 3 个方形表的第 6 行中查到"3"为第 11 列；
在第 4 个方形表的第 11 列中查到"4"为第 6 行；
在第 5 个方形表的第 6 行中查到"5"为第 10 列；
在第 6 个方形表的第 10 列中查到"6"为第 2 行；
最后沿第 2 行查得第 6 个方形表右侧的数字为 1，故 ABZU 123456 的核对数字为"1"。
具体查表步骤如图 3-16 所示。

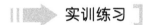
实训练习

实训目标

掌握集装箱外表面上每一个符号的含义，能够根据集装箱号查表或计算得出集装箱核

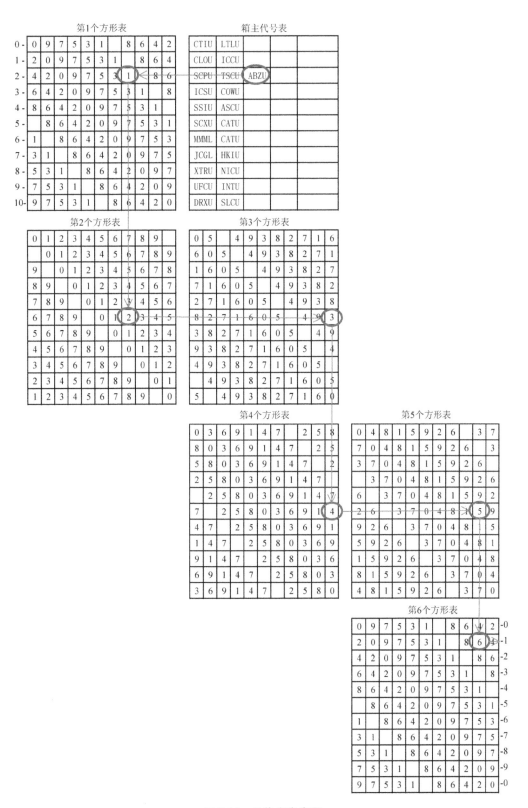

图 3-16 具体查表步骤

对码。

任务导入

某集装箱箱门符号如图 3-17 至图 3-18 所示。

```
UESU  300246  □
          22U1

MAX.GROSS      30,480 KG
               67,200 LB

TARE           2,120 KG
               4,670 LB

NET            28,360 KG
               62,530 LB

CU.CAP.        32.6 CU.M.
               1,152 CU.FT.
```

图 3-17　某集装箱箱门符号（一）

```
XINU  800647  □
          45G1

MAX.GROSS      32,500 KG
               71,650 LB

TARE           3,970 KG
               8,750 LB

NET            28,530 KG
               62,900 LB

CU.CAP.        76.2 CU.M.
               2,690 CU.FT.
```

图 3-18　某集装箱箱门符号（二）

```
SUDU  506034  □
          45R1

MAX.GROSS      34,800 KG
               76,720 LB

TARE           4,550 KG
               10,050 LB

NET            30,250 KG
               66,670 LB

CU.CAP.        68.7 CU.M.
               2,428 CU.FT.
```

图 3-19　某集装箱箱门符号（三）

（1）请说出该集装箱箱门上的每一个符号的含义。

（2）因为方框中的数字模糊无法辨认，请根据其他信息推断方框中的数字。

（3）根据本节所介绍的集装箱核对码计算规则，用 excel 表格编写公式计算集装箱核对码，或者使用编程工具编写简易软件计算集装箱核对码。

项目小结

本项目涉及知识点包括集装箱外观标记、集装箱方位性术语、集装箱上各主要部件名称和作用、集装箱的外尺寸和内尺寸、集装箱订舱业务流程等,学生在掌握以上知识点的前提下,可以参考本节实例分析,根据货物数量估算所需的集装箱数量,查询船公司船期表,并进行订舱操作。

集装箱箱量计算不仅需要学生掌握相关知识,还需要大量的实际操作和练习。船公司订舱不仅有手工订舱,还有EDI电子订舱,随着科技的进步,使用电子订舱的船公司越来越多,学生在校期间不仅要学习专业知识,还要加强计算机知识的学习,这样才能为将来工作打下坚实的基础。

项目四
集装箱装箱及单证实训

CONTAINER
TRANSPORT
PRACTICE

(1) 掌握集装箱装箱的基本要求与一般原则。
(2) 熟悉集装箱装箱的常见工艺。
(3) 能够根据工作要求进行集装箱装箱操作。
(4) 熟悉国际货运报关、报检操作流程。
(5) 能够独立完成集装箱运输相关单据的缮制。

一、装箱作业流程

1. 货物装箱

货物装箱应根据货运代理的集装箱出口业务员编制的集装箱预配清单,在集装箱货运站或发货人的仓库进行。整箱货由发货人或其货运代理人办理货物出口报关手续后,在海关派人监督下自行负责装箱,施加船公司或货运代理集装箱货运站铅封和海关关封。若在内陆装箱运输至集装箱码头的整箱货,应有内地海关关封,并向出境地海关办理转关手续。

拼箱货由货主或其代理人将不足整箱的货物连同事先缮制的场站收据,送交集装箱货运站,集装箱货运站核对由货主或其代理人缮制的场站收据和送交的货物,接受货物后,在场站收据上签收。如果接收货物时,发现货物外表状况有异状,则应在场站收据上按实际情况做出批注。集装箱货运站将拼箱货物装箱前,须由货主或其代理人办理货物出口报关手续,并在海关派人的监督下装箱,同时还应从里到外按货物装箱的顺序编制装箱单。

2. 货物的交接与签收

不论是整箱货还是拼箱货,最终都须送交集装箱装卸作业区的集装箱堆场等待装船。首先,集装箱装卸作业区的门卫同内陆运输的拖车司机对进场的整箱检验后,双方签署设备交接单,并将设备交接单中的运箱人联退还运箱人;其次,集装箱堆场码头则在核对有关单证后在场站收据上签字并退交发货人或货运代理人以换取提单。不论是由货主自行装箱的整箱货物,还是由货运代理人安排装箱的整箱货物,或者是由承运人以外的集装箱货运站装运的整箱货物,经海关监装并施加海关关封后的重箱,随同装箱单、设备交接单(进场)及场站收据,通过内陆的公路、铁路或水运送交港口的集装箱堆场,集装箱堆场的检查站或门卫同送箱人一起对进场的重箱检验后,双方签署设备交接单。集装箱堆场业务人员则在校对集装箱清单、场站收据和装箱单后,接收货物并在场站收据上签字,然后将经过签署的场站收据的装货、收货单两联留下,场站收据正本退还送箱人。

港口根据出口集装箱船舶班期,按集装箱货物的装船先后顺序向海上承运人或其代理人发出装船通知,海上承运人应及时通知托运人。托运人或其代理人在收到"装船通知"后,应于船舶开装前 5 日开始,将出口集装箱和货物按船舶装载先后顺序运进码头堆场或指定货运站,并于装船前 24 h 截止进港。

集装箱进入港区后其流程如下:港区向海关发送出口集装箱进场信息(此时 EDI 用户可以

在EDI中心主页查到出口箱的进场信息),待货主做出口报关后,海关向港区发送出口集装箱查验或放行信息,此时,港区如果收到海关查验信息,则配合海关进行出口集装箱查验;如果收到海关的放行信息,则做出口配船,港区将形成的预配船图发送给船代和外代(此时EDI用户可以在EDI中心主页查到出口箱的装船信息),船代按预配船图形成出口舱单发送给海关,外理按预配船图形成出口船图发送给海关。

二、拼箱作业流程

集装箱拼箱作业流程是围绕着集装箱拼箱货的分类、整理、集中、装箱(拆箱)、交货等工作进行的,其核心工作场所为承运人码头集装箱货运站或内陆集装箱转运站。整个拼箱作业流程一般包括揽货、询价、订舱及订舱确认;发货人负责将货物运至集装箱货运站;集装箱货运站负责备箱、配箱、装箱;集装箱货运站负责将装载的集装箱货物运至集装箱码头;根据堆场计划将集装箱暂存堆场,等待装船;根据装船计划,将集装箱货物装上船舶;通过海上运输,将集装箱货运至卸船港;根据卸船计划,从船上卸下集装箱货物;根据堆场计划在堆场内暂存集装箱货物,等待货运站前来提货;集装箱货运站掏箱交货;集装箱空箱回运等不同阶段。整个拼箱简易作业流程如图4-1所示。

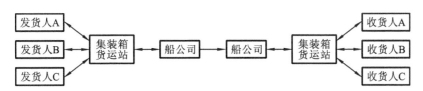

图4-1 拼箱简易作业流程

1. 揽货、询价、订舱及订舱确认

与整箱货相类似,揽货、询价、订舱及订舱确认是集装箱拼箱公司获取货源、提供拼箱服务的基础。在实际操作中,该环节一般由拼箱公司业务部门寻找潜在客户,接受货主询价,从货主处获得详细的信息,包括发货人、收货人、货物接收地、货物卸货地、货物最终交货地、货物包装类别、货物品名及描述、货物重量体积、运费结算方式及其他的货主定制要求,根据上述要求选择合适的船公司询价并与货主沟通,双方谈妥后,货主签署出口货物代理委托书(订舱单S/O)。业务部门打印托运单,注明船期、运费、集装箱箱型箱量、货主定制要求、订舱人电话传真,然后加盖订舱章传给船公司;船公司确认订舱后,回传配舱信息。在实际操作中,拼箱订舱中必须注意以下几点。

(1)托运人传真托运单给拼箱公司,内容上必须注明详细的信息,包括Shipper、Consignee、Notify Party、具体目的港、件数、毛重、尺码、运费条款(预付、到付、第三地付款)、货物品名、出货日期,还有其他要求如熏蒸、报关、报验等。

(2)拼箱公司按照托运人托单上的要求配船,并发送配船通知给托运人。配船通知上应注明船名、提单号、送货地址、联系电话、联系人、最迟送货时间、进港时间,并要求托运人务必按所提供的信息送货,在最迟送货时间以前入货。

(3)托运人进行货物通关事宜,确保货物能够顺利出运,如货物因故不能出运应尽早通知拼箱公司。

（4）在装船前一天拼箱公司传真提单确认件给托运人，托运人应尽可能在装船以前确认回传，否则，可能影响正常签发提单。开船以后，拼箱公司在收到托运人提单确认件一个工作日内签发提单，并结清相关费用。

（5）货物出运后，拼箱公司应提供目的港代理资料、二程预配信息给托运人，托运人可根据相关资料联系目的港清关提货事宜。

2. 发货人负责将货物运至集装箱货运站

集装箱拼箱交接条款一般为"CFS To CFS"，货运代理公司提供拼箱服务的交接地点为装运港承运人码头集装箱货运站或内陆集装箱货运站，货物从工厂运送至集装箱货运站多数是由发货人完成的，这也是由拼箱货的性质和特点决定的。

（1）拼箱货是不同发货人和收货人货物的集成，拼箱中拼成的整箱是由多个不同的发货人和收货人的货物所组成的，由发货人根据其生产备货及船期等时间将货物送至指定的货运站方便拼箱公司进行拼装和安排出运。

（2）贸易条款和进出口国对各类商品的限制和要求的政策法规不同。有些商品和货物在出口时没有限制规定，但进口国有，一旦发生此类事情，不但会影响该票货物的通关，还会直接影响到同箱运输的其他货物。

（3）报关、检验等进出口货物的环节上不同。同箱运输的数票货物，如有一票在通关、检验方面出现问题，包括漏检、漏验项目，就会造成时间的延误，影响拼成的整箱运输。

（4）单证齐全及货物的一致性。各种单证是否齐全，发收货人及目的港、货物的品名、规格、包装、数量、重量、尺码等都不能产生任何误差，如对于重量来说，每一票货物的微量超重，就会影响到整箱的大幅超重，轻则给集装箱运输造成困难，重则会发生运输事故；再如尺码，如果每一票货物都有微量超出，那集成的体积可能就会大于集装箱内容积而造成货物装不下甚至甩载，进而影响整个集装箱货物的出运。

（5）拼装货物临时变更较为常见。从生产地到最后装船起航，收货人及发货人会不断地检查和核实货物的情况，如发现误差，包括主观和客观造成的，都会提出修改单证或调整货物；由于拼箱过程中涉及货物票数较多，类似的临时变更在日常业务中非常多见。

发货人将货物送到集装箱货运站后，集装箱货运站工作人员负责接货，同时将做好理货工作，如实记录到货情况，填写相关理货记录，如涨缩尺证明、称重证明、唛头确认单、到货记录等，将上述记录汇总成表格，报送拼箱公司业务部负责该航线的人员，如有误差，该航线负责人员要迅速和发货人取得联系，并将处理意见及改正措施通知货运站。

3. 集装箱货运站负责备箱、配箱、装箱

一般情况下，拼箱货物在货运站备箱、配箱和装箱前短期存放，集装箱货运站对破损包装进行更换和修整，达到适于集装箱运输的要求，同时对唛头的错误经货主确认后，重新印刷；把不同货主拼成一个集装箱的货物堆在一个区里，便于装箱，同时核实是 20 ft 箱、40 ft 箱，还是 40 ft 高箱。货物之间一般用隔板隔离，避免包装破损及唛头损伤，同时要注意防污、防湿。集装箱货运站根据经验判断拼箱货物的包装强度、堆码高度等，一般堆码高度要适度，重货低放，轻货高码，将拼箱货物件数、送货日期、船名、提单号、残损情况等在收货回执中登记后准备进行装箱。在装箱时应注意以下几点。

（1）确保货物不超重，以保证集装箱装卸及海上运输的安全。箱内货物的重量分布要均

衡,不能使负荷在局部过轻或过重,防止箱底变形及脱箱。

(2) 货物在箱内的码放要整齐,尽量不留空隙,以免货物在运输中相互碰撞导致包装损坏。

(3) 如需木料支撑及垫料分离时,要确保其清洁、干燥、无污染。装箱完毕后,箱内货物的件数、提单号、唛头等信息以外轮现货单为最终依据。货运站相关人员要将装箱情况及库存货数量等报拼箱公司航线,以确保信息及数字的准确无误。

4. 集装箱货运站负责将装载的集装箱货物运至集装箱码头

集装箱货运站在货物装箱完毕后,根据所配船名、航次、船期及开港时间,将集装箱货物送至集装箱码头出口箱区,等待船公司配载人员完成船舶配载后装船出运。该过程与整箱出口相同,这里不再重复介绍。

5. 根据堆场计划将集装箱暂存堆场,等待装船

与整箱操作流程一致,拼装集装箱送至码头堆场后将根据堆场作业计划安排,堆存于指定区域,等待装船出运。

6. 根据装船计划,将集装箱货物装上船舶

与整箱操作流程一致,集装箱货物在船舶靠泊后根据装船计划安排装船,货物装船出运后,拼箱公司将跟踪货物的流转并及时通知各拼装货物委托人。

7. 通过海上运输,将集装箱货运至卸船港

与整箱操作流程类似,集装箱货运站在船舶抵港前,应从船公司或船代处获得有关单证,包括提单副本、货物舱单、装箱单、货物残损的报告和特殊货物表等。在船舶进港时间、卸船和堆场计划确定后,货运站应与码头堆场联系,确定提取拼箱集装箱的时间,并制订拆箱交货计划,做好拆箱交货的准备工作。同时,货运站应根据拆箱交货计划,发出到货通知书,及时向各收货人发出交货日期和交货地点的通知。

8. 根据卸船计划,从船上卸下集装箱货物

集装箱货物到港卸船后,集装箱货运站与码头堆场联系后,即可从堆场(码头或内陆)领取载货集装箱,并办理设备交接单或内部交接手续,将货物运送至其交货货运站。

9. 根据堆场计划在堆场内暂存集装箱货物,等待货运站前来提货

各收货人将根据集装箱货运站发送到货通知书上指定的提货时间和提货地点到指定货运站提货。

10. 集装箱货运站掏箱交货

集装箱货运站掏箱取出货物,一般按装箱单记载顺序进行,取出的货物应按票堆存。货运站代表拼箱公司向收货人交付货物,收货人提取货物时,应出具拼箱公司签发、海关放行的提货单(交货记录),货运站核对票、货无误后,查核所交付的货物在站期间是否发生保管、再次搬运等费用;如发生,则应在收取费用后交付货物。交货时,收货人在交货记录上签字,如有异常,集装箱货运站应在交货记录上注明。集装箱货运站在交货工作结束后,应根据货物交付情况制作交货报告和未交货报告,并寄送给拼箱公司,作为他们处理损害赔偿、催提等的依据。

11. 集装箱空箱回运

集装箱拆箱交付货物后,应将空箱尽快还回船公司指定的堆场,并办理设备交接单或内部

交接手续。

三、集装箱拼箱中涉及的单证

集装箱拼箱中涉及的单证与整箱货运输基本一致，进出口拼箱货运单证在其整个传递过程中有三个重要阶段，即出口报关及订舱阶段；CFS接货、装箱及集装箱港口装船阶段；货物离港及到目的港，通关、提货阶段。每个阶段涉及的运输单证分别如下。

(1) 出口报关及订舱阶段。这个阶段涉及的主要有订舱委托书、报关委托书（货主自报关可省略）、报关单、商业发票、装箱单、重量单、出口许可证、商检证、产地证明书、保险单、出口拼箱货物装箱准单及其他相关单据。

出口报关及订舱阶段的单证主要功能是确定货物的物理属性，即货物的品名、毛重、体积、件数与包装、标记和号码；运输属性即发货人、收货人、通知人、船名、航次、装货港、卸货港、目的地、运输交接方式和运费支付方式；法律属性即是否符合出口国有关法律规定、进口国有关法律规定及海关是否已同意出口放行等。

拼箱公司作为承运方接货承运，首先要注意该票货的报关单据和委托书是否相符，是否一票一单；其次还要及时核对舱位配载情况，确保该票货物按发货人要求的船名航次及时间配载；最后通知集装箱货运站(CFS)做好接货准备。此时单证及相关信息的准确无误十分关键，如出现问题应及时通知发货人及相关部门。发货人最好选择有自己出口拼箱货物装箱准单及CFS的专业拼箱公司来代理出口运输业务。如一时找不到该公司的装箱准单，事后一定要告之该公司在装箱准单的第四联加盖该拼箱公司的签单章。

(2) CFS接货、装箱及集装箱港口装船阶段。此阶段除报关时的重要单证外，拼箱公司还要缮制装货单以备二次报关使用。该装货单的场站收据副本、场站收据副本大副联、场站收据、海关副本、港口收费结算联，不可遗漏。装货单的发货人需填拼箱公司，收货人需填拼箱公司在目的港或转口港的代理，还应将该批货的所有装箱准单号、标记和号码、件数与包装、品名、毛重、体积等相关数据依次填写清楚。同时，要进一步核实报关单据与委托书之间是否相符，而且要核实单货之间是否相符，做到万无一失。

如发生货物品名、重量、数量等和实际情况及相关法规不符，要及时与货主及有关方面联系，变更单据使其和货物的实际情况相符。如知情不报，在后续运输及通关环节上出现问题，拼箱公司应承担相应责任。

(3) 货物离港及到目的港通关、提货阶段。这个阶段涉及的主要单证有海运提单、小提单和提货单等。海运提单是拼箱公司从船公司获得的海上运输的重要单证，其主要内容有收货人的名称和地址、发货人的名称和地址、提单的签发日期、签发地点、接收/交付货物的地点、货物的标志、货物的名称、包装、件数、质量及尺码、货物外表良好状况、签发提单份数、运输条款、运费条款等。

小提单(HOUSE B/L)是拼箱公司根据其装箱准单对组成拼装集装箱的各个发货人（或收货人）的货物，分别缮制的提单，它是拼箱公司自己签发的提单。

提货单是拼箱收货人在目的港以小提单在交付相关费用后从拼箱公司的代理处换取提货的凭证。同时，提货单也是拼箱货物在目的港用于清关的重要单据之一。

四、拼箱操作要点及注意事项

集装箱拼箱公司是集装箱拼箱货源的组织者和拼箱服务的提供者,在拼箱操作中作为拼箱公司其主要职责是与船公司确定合作关系,提前预订舱位,保证货物的安全出运。因此,在拼箱操作中,拼箱公司要熟悉和掌握货物的合理运输方式和路线,对货物的流程及相关环节的规定要求有深刻的了解,实时监控货物的流转和最新动态,通过可靠的信息支撑平台和完善的代理网络,为托运人提供优质的拼箱服务。由于拼箱货物自身的特点和操作习惯,也使得拼箱公司在提供拼箱服务时,必须特别注意其与整箱的差别和日常注意事项。

(1) 拼箱货一般不能接受指定某具体船公司。船公司只接受整箱货物的订舱,而不直接接受拼箱货的订舱,只有通过货运代理(个别实力雄厚的船公司通过其物流公司)将拼箱货拼整后才能向船公司订舱,几乎所有的拼箱货都是通过货代公司"集中办托,集中分拨"来实现运输的。由于货源等因素的限制,拼箱货运公司一般集中向几家船公司订舱,在操作实践中一般不接受托运人指定某具体船公司的要求。

(2) 必须事先与托运人确认相关的运输条款。在拼箱公司与客户洽谈时,应特别注意相关运输条款,以免对方的信用证(L/C)开出后在办理托运时才发现无法满足其运输条款。在操作中,时常遇到信用证(L/C)规定拼箱货运输不接受货运代理的提单(HOUSE B/L),而由于船公司不直接接受拼箱货的订舱,在船公司出具 MASTER B/L 给拼箱公司后,为了使每票拼装货物在目的地货运站能够顺利提货,拼箱公司都将签发其自己的 HOUSE B/L,如果信用证规定不能接受 HOUSE B/L,将不能使用拼箱服务。

(3) 拼箱运输需要有足够的货源才能发挥其经济效益,对于一些航线及港口较偏僻,并且客户提出要交付到内陆点的拼箱货物,在提供拼箱服务之前既要对市场货源进行排摸,又要对船公司或拼箱代理能否承接这些偏僻港口、内陆点交货及相关费用后再提供拼箱服务。

(4) 对于涉及知识产权的货物,应提前填妥"知识产权申报表"。无论有无品牌,也无论是本公司或工厂注册的商标,还是客户定牌,都应事前准备相关的注册商标的资料或客户的授权书;对于货物品种繁多,一票托运单中有多种不同类型的商品,制单时应详尽列出所有货名及货号,不要笼统用一个大类商品编码代替,否则,报关时会引起海关的疑问,如果被查验时发现与实际货物不符,海关将不予以放行。

(5) 拼箱货一般都是急需货,因此装载、离港及到达目的港时间的确定性和准确性对拼箱货是非常重要的。如果等船期或积累货量,任何拼箱公司都可以完成同一个运输任务。因此,对于拼箱公司而言,应尽可能集中拼箱货源,根据船公司的船期组合最快的运输路线,提供快捷、经济的拼箱服务是其提升竞争力的关键。

(6) 拼箱货的运输交接方式主要是 CFS—CFS,这就决定了货物的目的港必须有拼箱公司的代理,拼箱代理的服务水平和拼箱网络的完善是拼箱公司提供优质拼箱服务的保障。

(7) 拼箱公司必须及时了解货物通关、检验及国际贸易动态。由于拼箱运输属于"捆绑式"运输,如有一票货在进出口报关、检验或装货港、通过港及卸货港发生问题,都可能导致整箱货不能按时离港或到达目的港及通关。因此,拼箱公司应及时对拼箱货物流转进行跟踪,发现问题应尽早解决。

任务一　集装箱装箱

对于航运公司和货运代理公司来说，揽到货源、计算出箱量只是集装箱运输的开始，接下来还要把货物装进集装箱。

装箱工作对于集装箱运输也非常重要，因为一旦装箱操作不当，海关打上封条后，在运输途中是没有纠正机会的。

装箱时有哪些需要注意的事项呢，本节我们就一起来探讨一下。

在项目三（集装箱运输订舱的任务）的任务二（拼箱货箱量计算）中，货源如表 4-1 所示，广州某货代公司的操作员 Jacky 已经根据货源订制了 1 个 40 ft 干货箱和 1 个 20 ft 干货箱，请帮 Jacky 编制出集装箱预配清单，继续完成装箱操作。

表 4-1　某货运代理公司从广州到美国洛杉矶的货源统计表

序号	进仓号	货主	货物名称	货物数量	货物毛重/kg	货物体积/m³
1	A001	×××	潜水电动机	6 托	2 880	1.1×0.8×0.45×6（1.1 为托盘长度，0.8 为宽度，0.45 为高度。下同）
2	A002	×××	汽车音响	200 箱	1 460	0.44×0.41×0.18×200
3	A003	×××	拉手	4 托	1 390	1.58×1.10×1.04×1＋1.21×1.01×1.08×2＋1.58×1.1×1.21×1
4	A004	×××	水龙头配件	123 箱	2 071.18	0.4×0.4×0.35×123
5	A005	×××	不锈钢钢珠	15 箱	4 935	0.96×0.78×0.42×15
6	A006	×××	铰链	2 托	1 127.5	1.12×1.12×0.71×1＋1.12×1.12×0.61×1
7	A007	×××	五金杂件	7 托	3 005	1.13×1.12×1.92×1＋1.13×1.12×2.09×6
8	A008	×××	五金杂件	2 托	2 016.5	1.03×1.03×1.52×1＋1.08×1.08×1.53×1
9	A009	×××	门五金杂件	2 托	839.27	1.04×0.96×0.98×2
10	A010	×××	玻璃马赛克	5 托	3 528	1.11×0.71×0.85×5
11	A011	×××	纽扣	44 箱	1 091.6	0.3×0.3×0.3×44

续表

序号	进仓号	货主	货物名称	货物数量	货物毛重/kg	货物体积/m³
12	A012	×××	布料	132箱	2 729.9	0.3×0.2×1.5×132
13	A013	×××	辣椒酱	4托	2 502	1.31×1.03×1.11×4
14	A014	×××	美容刷/梳、指甲钳	107箱	1 427.6	0.25×0.25×0.4×107
15	A015	×××	塑胶件/U盘塑料外壳配件	1托	246.97	1.58×1.06×1.31×1
16	A016	×××	画笔	40箱	179.2	0.37×0.17×0.15×40

该货运任务中,潜水电动机、不锈钢钢珠、五金杂件等金属制品都属于重货,为了集装箱运输的安全,需要在装箱时适当考虑货物的轻重搭配。

本货物任务的另一个特点是有托盘货和件杂货。件杂货体积较小,容易装箱,托盘货体积较大,不好安排,所以装箱顺序最好先安排托盘货;另外,根据托盘的特点,托盘货在装箱时,底面的长和宽可以对调,但是不能把托盘货平躺,否则叉车就无法作业了。

【相关知识点】

一、集装箱装箱一般规则

集装箱装箱时一般有以下几个规则。

(1) 一般情况下,箱内所装货物质量不能超过集装箱的最大装载量;如果箱内所装货物质量超过了集装箱的最大装载量,那么箱主可以拒绝装载或者按照超重数量收取一定的超重费,如果超重太多,还会给集装箱运输带来安全隐患。

(2) 箱内货物的质量分布要均衡,不能使负荷在局部过轻或过重,严格禁止出现负荷重心偏在一端的情况,防止箱底变形及脱箱。

(3) 放置重件货物时,不要将固定货物的着力点集中在集装箱内很小的面积上,以免着力点受力过大而发生集装箱破损;要避免产生集中载荷,可在底部采取措施,加强底部的抗压性,如装载机械设备等重件时,箱底应铺上木板等衬垫材料,尽量分散其负荷。

不同船公司的集装箱强度不一样,集装箱底面负荷也不一样;即使相同的集装箱,如果运往不同的港口,不同港口对集装箱的负荷要求也不一样。所以,每次装箱时,标准集装箱底面单位面积的安全负荷没有非常精确的数据,一般来说,只要不超过集装箱的最大负荷就行。

(4) 货物在箱内的码放要整齐,尽量不留空隙,防止货物在箱内移动,以免货物在运输中因相互碰撞而导致包装损坏。如需充气袋、木料支撑及垫料填充空隙或隔离货物时,要确保其清洁、干燥、无污染。可用气袋来填充集装箱箱内空隙,如图4-2所示。

(5) 装卸时,对货物不能采用抛扔、坠落、翻倒、拖曳等方法,既要避免货物间的冲击和摩擦,也要避免货物对集装箱地板和侧板等部位的损伤。

图 4-2 用气袋填充集装箱箱内空隙

(6) 装卸过程中,货物、托盘和装卸车辆等应尽可能避免擦碰到集装箱箱面的各个部位,包括箱门框、侧板、箱门、顶板等,避免集装箱零件和内外油漆的损伤。

(7) 装箱时,不要使整个货物单元的重心偏离货物的中心,以免货物倾倒;装箱完毕后,全部货物的重心也不要偏离集装箱的中心太远,以保证集装箱运输途中的稳定性。

(8) 装箱完毕后,关闭箱门,根据运输要求是否加封海关铅封。

二、拼箱货混装的一般原则

拼箱货混装的一般原则有以下几点。

(1) 轻货要放在重货上面;包装强度小的货物要放在包装强度大的货物上面。

(2) 液体货和清洁货要尽量放在其他货物下面;尽量不要将液态货物与需要干燥放置的货物放置在一起。如果必须放在一起,应该将需要防潮的物质放在液体货物之上。

(3) 从包装中会渗漏出灰尘、液体、潮气、臭气等污货,这样的货物最好不要与其他货物混装在一起。如不得不混装时,就要用帆布、塑料薄膜或其他衬垫材料隔开。

(4) 不同形状、不同包装的货物尽可能不装在一起;带有尖角或突出部件的货物,要把尖角或突出部件保护起来,不使它损坏其他货物。

(5) 不要将易挥发气味的货物与易吸收气味的货物放置在一起。如果必须放在一起,则需要采取措施将它们封闭起来,以免互相影响。

(6) 不要将会发生"冲突"的两种货物置于同一集装箱内,如果必须装在同一集装箱内,那么必须将其分开,避免造成损失。

(7) 禁止将会产生化学反应的物质放在一起。

(8) 禁止将食物与有毒物体放在一起,这也是法律明确规定的。

三、危险货物装箱注意事项

危险货物装箱时有以下几点注意事项。

(1) 货物装箱前应调查清楚该类危险货物的特性、防灾措施和发生危险后的处理方法,作业场所要选在避免日光照射、隔离热源和火源、通风良好的地点。

(2) 作业场所要有足够的面积和必要的设备,以便发生事故时,能有效地处理事故。

(3) 作业时要按有关规则的规定执行。作业人员操作时应穿防护工作衣,戴防护面具和橡皮手套。

(4)装载爆炸品、氧化性物质的危险货物时,装货前箱内要仔细清扫,防止箱内因残存灰尘、垃圾等杂物而产生着火、爆炸的危险。

(5)要检查危险货物的容器、包装、标志是否完整,与运输文件上所载明的内容是否一致。禁止包装有损伤、容器有泄漏的危险货物装入箱内。

(6)使用固定危险货物的材料时,应具有足够的强度、安全系数和防火要求。

(7)危险货物的任何部位都不允许突出于集装箱外,装货后箱门须能正常关闭。

(8)有些用纸袋、纤维板和纤维桶包装的危险货物,遇水后会引起化反应而发生自燃、发热或产生有毒气体,故应严格进行防水检查。

(9)危险货物与其他货物混载时,应尽量把危险货物装在箱门附近。

(10)严禁危险货物与仪器类货物混载。

(11)危险货物的混载问题各国有不同的规定,请根据各国的具体规定操作。

四、集装箱装卸货工艺介绍

集装箱装卸货工艺一般有以下四种。

1. 叉车装卸工艺

叉车装卸工艺如图4-3所示,即采用叉车直接通过搭板进入集装箱内进行装箱作业,这是比较常用的装箱工艺。采用叉车装卸工艺的前提是待装卸货物已用托盘进行了成组化(有些大型货物本身带有叉槽的,可直接用叉车作业)。

图4-3 叉车装卸工艺

2. 人工装卸工艺

人工装卸工艺即完全使用人力搬运的方式,在集装箱内进行货物装卸作业。这种装卸方式虽劳动强度较大,但在一些没有装卸设备的场所经常采用这种装卸方式。

3. 输送带式装卸工艺

输送带式装卸工艺即用专门的皮带输送机伸入集装箱内,配合人力进行装卸作业,如图4-4所示。

4. 散货装卸工艺

散货由于货物属性的不同,装货时可以借助铲车、起重机等工具,卸货时可以采取人力卸货、铲车和自卸工艺等,散货自卸工艺如图4-5所示。自卸工艺指某些集装箱卡车具有自卸功能,不需要其他设施和人力,集装箱卡车自身就可以完成卸货。

图 4-4 输送带式装卸工艺

图 4-5 散货自卸工艺

五、内陆拖车服务

货运代理公司提供的内陆拖车服务包括在装运港和目的地提供的拖车服务两种。

货物到了目的港之后,如果需要从卸货港送货至指定的门点交货,一般有三种模式:第一种情况是由发货人选择的船公司直接提供运输服务,送至门点,体现为船公司提单的运输条款为"CY TO DR",在这种运输模式下,就发货人或收货人而言,只需注意事先与班轮船公司核定某个门点地址是否在班轮船公司提供门点的服务范围之内,并按照班轮船公司的流程接运后即可在最终门点交货;第二种情况是由收货人自己联系运输公司从基本港提货,将货物送至最终门点或仓库,在这种情况下,就发货人和船公司而言,货物等同于基本港交货;第三种情况是由发货人或收货人指定的货运代理公司提供拖车运输服务,从卸货港提货将货物送至收货人指定的门点,这也是我们这里所指的由货运代理公司在目的港提供的拖车服务。

一般而言,货运代理公司在目的港提供拖车服务主要由于集装箱船公司在该区域不能提供送货到门的服务,或者是由于货物到港之后,由于交货期要求较高,收货人希望能够尽早掌控货物运输流程,联系货运代理公司尽早将货物送至指定的门点,或是由于货物临时变更交货地点,收货人希望能在不更改卸货港的情况下,由代理公司将货物送至指定的门点。

1. 目的港拖车服务

货运代理公司受发货人或收货人的委托,在目的港提供内陆拖车服务,其流程一般如下。

(1) 货运代理公司向第三方拖车公司询价,或者向其在目的港拖车运输服务部门询价,确定内陆拖车成本。

(2) 货运代理公司向第三方拖车公司或提供拖车运输服务部门发送到港通知。

(3) 第三方拖车公司或货运代理公司拖车运输服务部门向收货人预约送货时间。

(4) 货运代理公司最终与收货人确定送货时间,以及是否需要提供额外的拖车运输服务。

(5) 拖车公司送货,收货人在交货通知单签字确认。

(6) 货运代理公司检查空箱回运状态,确保空箱还回船公司指定还空箱堆场,如需要异地还箱,按照船公司的规定提出异地还箱申请,并支付(如有)相关费用。

(7) 货运代理公司收费。

可见,货运代理公司在目的港提供的内陆拖车服务与装货港流程基本是一致的。由于货运代理公司需要将空箱回运至指定堆场,因此一般由货运代理公司提供的拖车服务收费比船公司略高。

2. 收货人在拖车运输环节中常见的特殊要求

1) 指定拖车公司

这种情况多见于收货人对当地某家拖车运输服务公司比较认同,而自己同该拖车公司没有协议运价,或者是由于其业务量较小,希望与该拖车运输服务公司有协议运价的货运代理公司能够提供较为便宜的拖车运输费用。指定拖车公司一般不收取额外费用。

2) DROP AND PULL

DROP AND PULL 指的是拖车公司将集装箱卸下后直接返回,与收货人另外约定提空箱时间安排的服务。DROP AND PULL 是一种使用非常多的特殊拖车服务需求,常见于收货人在货量较多时,在接货地仓库不能在拖车公司规定的卸货时间内将货物完全卸下,而超出拖车公司的等待时间(一般为 2 h),又不希望支付较高的等待和延迟费用,因而在接收货物时,拖车公司只将重箱卸下,而另外与收货人约定提取空箱的时间。DROP AND PULL 服务一般需要收取额外费用,每次申请为 USD 150/CONTAINER。

3) 超重

超重常见于在最终交货地,公路运输部门或其他机构对集装箱接运有限重规定,超重货物需要支付额外罚单的情况。由于存在运输风险,货运代理公司一般通过租借额外设备提供超重柜接运服务,一般来说,货运代理公司提供的超重柜拖车服务包括租借额外设备(如超重底盘车)提供超重服务、提供超重柜接运、绕路通过等。超重货物接运一般需要收取额外费用,租借额外设备一般为 USD 250/CONTAINER,直接绕路收费一般为 USD 100/CONTAINER。

实训练习

实训目标

熟悉常见集装箱的内尺寸与外尺寸,掌握集装箱装箱的基本要求与一般原则,能够根据货运任务编制集装箱装箱的预配清单,并完成装箱操作。

任务导入

继续项目三(集装箱运输订舱的任务)的【实训练习】,广州某货运代理公司每周出货一次,操作人员已经根据该公司的货源计算出箱型和箱量并成功订舱,请编制出集装箱预配清单,并完成装箱操作。

实训小结

对于大多数学生来说,本节的任务都是陌生的,而且难度非常大。其实有些发达国家在集装箱装箱操作中使用配箱软件;但在我国目前的货代公司和物流公司中,几乎所有企业的员工都是凭经验来装箱的,当然,这种装箱经验不是与生俱来的,而是通过日积月累的实践获得的。因为大多数学生是第一次接触集装箱装箱操作,缺乏经验,所以在本节的任务中,会感觉非常难,甚至无从下手,这些都是正常现象,只要大家多练习几次,就会掌握集装箱装箱的方法和技巧,甚至可以像企业的老员工一样,顺利地完成装箱操作。

任务二 集装箱运输单证缮制

任务引导

货物装箱运到码头后,还不能装船,还需要办理一些单证和报检报关手续。具体需要办理哪些单证,是否所有货物及包装都要报检报关,大家知道吗?

任务引入

Candy 是厦门市某货运代理公司的操作员,受福建扬帆进出口有限公司的委托,为该公司办理货运及相关业务,并协助该公司办理出口相关单证。

2012 年 7 月 1 日,福建扬帆进出口有限公司与新西兰某公司达成出口协议,签订合同,出口合同附后。已知福建扬帆进出口有限公司地址为厦门滨江路 56 号,海关代码为 3523910416。新西兰公司为 M/S BUILDERS & MAHINERY LTD,新西兰公司地址为 211,DUNEDIN ROAD,WEILINGTON,NEW ZEALAND。出口产品为牵引车,生产厂家为"福建力强牵引车厂",型号为 MEGN-12,海关编码为 87091110,数量为 20 辆,每辆净重 4 000 kg,出口成交价为 USD 8000/unit FOB XIAMEN,付款方式为不可撤销信用证,信用证号 INB/CSD08/166,开证银行为 WEILINGTON BRANCH OF CITY BANK IN NEW ZEALAND(花旗银行新西兰威灵顿支行),信用证规定不可分批,可转船。合同号为 07 MEXN,发票号为 92H034XE/12。货物出口合同格式如下。

货物出口合同(Sales Contract)

编号(No.):07 MEXN

签约地点(Signed at):××××

卖方(Seller):福建扬帆集团进出口有限公司

地址(Address):中国福建省厦门市滨江路 56 号

电话(Tel):××××

传真(Fax):××××

电子邮箱(E-mail):××××

买方(Buyer):M/S BUILDERS & MAHINERY LTD

地址(Address):211,DUNEDIN ROAD,WEILINGTON,NEW ZEALAND

电话(Tel):××××

传真(Fax):××××

电子邮箱(E-mail):××××

买卖双方经协商同意按下列条款成交:

The undersigned Seller and Buyer have agreed to close the following transactions according to the terms and conditions set forth as below:

1. 货物名称、规格和唛头(Name, Specifications and marks)

货物名称(Name):牵引车(TRACTOR)

规格(Specifications):MEGN-12

唛头(Marks):New Zealand

     07 MEXN

     NO. 1-20(20)

     MADE IN CHINA

2. 数量(Quantity):共20辆(20 units total)

3. 单价及价格条款(Unit Price and Terms of Delivery):

USD 8000.00/unit,FOB XIAMEN(除非另有规定,"FOB"、"CFR"和"CIF"均应依照国际商会制定的《2000年国际贸易术语解释通则》(INCOTERMS 2000)办理)

USD 8000.00/unit,FOB XIAMEN(The terms FOB、CFR、or CIF shall be subject to the International Rules for the Interpretation of Trade Terms (INCOTERMS 2000) provided by International Chamber of Commerce (ICC) unless otherwise stipulated herein)

4. 总价(Total Amount):USD160,000.00

5. 允许溢短装(More or Less):0%

6. 装运期限(Time of Shipment):

收到可以转船及分批装运之信用证30天内装运。

Within 30 days after receipt of L/C allowing transshipment and partial shipment.

7. 付款条件(Terms of Payment):

买方须于合同签订后30天内将保兑的、不可撤销的、可转让的、可分割的即期付款信用证开到卖方,该信用证的有效期延至装运期后30天在中国到期,并必须注明允许分批装运和不允许转船。

买方未在规定的时间内开出信用证,卖方有权发出通知取消本合同,或接受买方对本合同未执行的全部或部分,或对因此遭受的损失提出索赔。

Confirmed, Irrevocable, Transferable and Divisible L/C to be available by sight draft to reach the Seller within 30 days once the contract signed and to remain valid for negotiation in China until 30 days after the Time of Shipment. The L/C must specify that transshipment is allowed and partial shipment not allowed.

The Buyer shall establish a Letter of Credit before the above-stipulated time, failing which, the Seller shall have the right to rescind this Contract upon the arrival of the notice at Buyer or to accept whole or part of this Contract non fulfilled by the Buyer, or to lodge a claim for the direct losses sustained, if any.

8. 包装(Package):

裸装于平台集装箱(naked on platform container)

9. 运输(Transport):

海运(By sea)

10. 保险(Insurance)：
按发票金额的110%投保一切险，由买方负责投保。
Covering ALL Risks for 110% of Invoice Value to be effected by the Buyer.

11. 质量/数量异议(Quality/Quantity discrepancy)
如买方提出索赔，凡属质量异议须于货到目的口岸之日起30天内提出；凡属数量异议须于货到目的口岸之日起15天内提出，对所装货物所提任何异议属于保险公司、轮船公司、其他有关运输机构或邮递机构所负责者，卖方不负任何责任。

In case of quality discrepancy, claim should be filed by the Buyer within 30 days after the arrival of the goods at port of destination, while for quantity discrepancy, claim should be filed by the Buyer within 15 days after the arrival of the goods at port of destination. It is understood that the Seller shall not be liable for any discrepancy of the goods shipped due to causes for which the Insurance Company, Shipping Company, other Transportation Organization /or Post Office are liable.

12. 免责条款 Exemption clause：
由于发生人力不可抗拒的原因，致使本合约不能履行，部分或全部商品延误交货，卖方概不负责。本合同所指的不可抗力系指不可干预、不能避免且不能克服的客观情况。

The Seller shall not be held responsible for failure or delay in delivery of the entire lot or a portion of the goods under this Sales Contract in consequence of any Force Majeure incidents which might occur. Force Majeure as referred to in this contract means unforeseeable, unavoidable and insurmountable objective conditions.

13. 仲裁(Arbitration)：
因凡本合同引起的或与本合同有关的任何争议，如果协商不能解决，应提交中国国际经济贸易仲裁委员会深圳分会。按照申请仲裁时该会当时施行的仲裁规则进行仲裁。仲裁裁决是终局的，对双方均有约束力。

Any dispute arising from or in connection with the Sales Contract shall be settled through friendly negotiation. In case no settlement can be reached, the dispute shall then be submitted to China International Economic and Trade Arbitration Commission (CIETAC), Shenzhen Commission for arbitration in accordance with its rules in effect at the time of applying for arbitration. The arbitral award is final and binding upon both parties.

14. 通知(Notices)：
所有通知用中英文写成，并按照如下地址用传真/电子邮件/快件送达给各方。如果地址有变更，一方应在变更后3日内书面通知另一方。

All notice shall be written in both English and Chinese and served to both parties by fax/e-mail/courier according to the following addresses. If any changes of the addresses occur, one party shall inform the other party of the change of address within 3 days after the change.

15. 本合同为中英文两种文本，两种文本具有同等效力。本合同一式两份，自双方签字(盖章)之日起生效。

This Contract is executed in two counterparts each in Chinese and English, each of which shall be deemed equally authentic. This Contract is in two copies, effective since being signed/sealed by both parties.

（以下空白。The following is blank.）

The Seller(卖方)：××××　　　　The Buyer(买方)：××××

DATE：××××　　　　　　　　　DATE：××××

作为一名货运代理公司的操作员，为了完成这次货运任务，Candy需要和客户一起准备的相关单证有报检委托书、出境集装箱报检单、装箱单、商业发票、提单、报关委托书、报关单等。

其中，出境集装箱报检单、报关单的模版见附录G和附录L，其他单据的模版可在网上搜索。

【相关知识点】

货物装箱后，发货人或其代理人需要先办理报检手续，再办理报关手续，海关核准放行后，货物才能装船。

一、报检范围

出入境检验检疫机构的报检范围包括：

（1）法定检验检疫，指列入《法检目录》的进出口商品，必须经过出入境检验检疫部门或其指定的检验检疫机构检验。

（2）进出口商品检验，包括一般进出口商品检验、进口废物原料装运前检验、旧机电产品装运前检验和出口危险货物运输包装检验。

（3）动植物检疫，指出入境和过境的动植物及其产品、装载动植物及其产品的装载容器和包装物、来自动植物疫区的运输工具、入境拆解的废旧船舶等，必须经过检验检疫，确认没有疫病疫情方可入境。

（4）卫生检疫和食品卫生监督，卫生检疫指出入境人员、交通工具、集装箱、行李、货物、邮包必须经过检验检疫，获得检验检疫部门的入境或者出境检疫证；食品卫生监督指进出口食品必须接受卫生监督检验，获得口岸检验检疫部门签发的证明或卫生证书。

（5）进口商品认证管理，指列入《实施强制性产品认证的产品目录》的商品，必须经过认证机构认证合格，取得认证证书并加施认证标志方可进口。

（6）出口商品许可管理，指检验检疫部门会同有关主管部门共同负责发放出口商品质量许可证，未获得质量许可证的商品不准出口。

（7）注册登记和登记备案，指国家对部分涉及安全卫生、环境保护、人身健康安全的有关出入境货物和与之有关的专用场所设定注册登记审批制度。

（8）各类鉴定业务，包括外商投资财产鉴定、货物装载和残损鉴定等。

二、出入境集装箱的检验检疫

集装箱作为一种装载容器,在世界各地反复装运,很可能携带病媒生物、植物危险性病、虫、杂草以及其他有害生物,使得疫病疫情通过集装箱进行传播,所以需要对出入境的集装箱在办理报关手续前进行检验检疫,对不合格的集装箱进行熏蒸、杀毒或杀虫等处理。

我国规定,所有出入境的集装箱必须实施卫生检疫,装载动植物及其产品的出入境集装箱和来自动植物疫区的入境集装箱必须实施动植物检疫,装载易腐货和冷冻品的出境集装箱应实施适载检验。

(一)出境集装箱的检验检疫

1. 出境空箱和装载非法定检验检疫货物的出境重箱

出境空箱和装载非法定检验检疫货物的出境重箱,报检人应填写出境集装箱报检单(参考附录G),申报集装箱规格、数量、号码、离开口岸时间、装箱地和目的地等情况(装载非法定检验检疫货物的出境重箱还需申报货物种类及包装材料等)。

检验检疫机构受理报检后,根据集装箱可能携带的有害生物和病媒生物种类以及其他有毒有害物质情况实施检验检疫。对需要实施卫生除害处理的,如使用进口木材地板但没有国家认可的检验检疫合格证书,或使用国产木材但没有用国家认可的标准进行永久性免疫处理,签发"检验检疫处理通知书",检验合格后出具"熏蒸/消毒证书";对不需要实施检验检疫处理的,如使用进口木材且有国家认可的检验检疫合格证书,或使用国产木材且用国家认可的标准进行永久性免疫处理,出具"集装箱检验检疫结果单(参考附录H)"。

2. 装载法定检验检疫货物的出境重箱

装载法定检验检疫货物的出境重箱,报检人如实填写"出境货物报检单(参考附录I)",申报收发货人、货物名称、原产国、包装种类及数量、发货日期等内容。

检验检疫机构受理报检后,货物结合集装箱一并实施检验检疫。合格后准予放行,出具"出境货物通关单";不合格的,签发"检验检疫通知书",进行卫生除害处理后,合格的出具"熏蒸/消毒证书"。

(二)入境集装箱的检验检疫

1. 入境空箱和装载非法定检验检疫货物的入境重箱

入境空箱和装载非法定检验检疫货物的入境重箱,报检人应填写入境集装箱报检单(参考附录G),申报集装箱规格、数量、号码、到达口岸时间、装箱地和目的地等情况(装载非法定检验检疫货物的入境重箱还需申报货物种类及包装材料等)。

检验检疫机构受理报检后,根据集装箱可能携带的有害生物和病媒生物种类以及其他有毒有害物质情况实施检验检疫。对需要实施卫生除害处理的,签发"检验检疫处理通知书",检验合格后出具"熏蒸/消毒证书";对不需要实施检验检疫处理的,出具"集装箱检验检疫结果单(参考附录H)"。

2. 装载法定检验检疫货物的入境重箱

装载法定检验检疫货物的入境重箱,报检人如实填写"入境货物报检单",申报收发货人、货物名称、原产国、包装种类及数量、到货日期等内容。

检验检疫机构受理报检后,货物结合集装箱一并实施检验检疫。合格后准予放行,出具"入境货物通关单";不合格的,签发"检验检疫通知书",进行卫生除害处理后,合格的出具"熏蒸/消毒证书"。

3. 过境集装箱

过境集装箱必须接受监管。经口岸检查,发现集装箱被污染或有危险性病虫害的,应进行卫生除害处理或不准过境;经检查,发现集装箱有可能中途撒漏造成污染的,报检人应按照要求进行密封,无法采取密封措施的,不准过境。

三、报关及相关单证

报关是指进出口货物收发货人、进出境运输工具负责人、进出境物品的所有人或他们的代理人向海关办理货物、物品或运输工具进出境手续及相关海关事务的过程。报关相关单证包括报关单和随附单证。

报关单是指进出口货物的收发货人或其代理人,按照海关规定的格式对进出口货物的实际情况做出的书面申明,以此要求海关对其货物按适用的海关制度办理报关手续的法律文书。报关单内容包括进(出)口口岸、进(出)口日期、申报日期、经营单位、运输方式、提运单号、贸易方式、征免性质、随附单证、商品名称、规格型号、数量及单位、原产国(地区)/最终目的国(地区)、税费征收情况和申报单位等,见附录L。

随附单证包括进出口商业单证、贸易管理单证、海关单证和其他单证4类。进出口商业单证包括必备单证和预备单证两类:必备单证包括进出口合同、商业发票、包装单据、运输单据;预备单证包括信用证、付款证明、保险单、保费发票、运费发票、原厂发票、贸易商发票等。贸易管理单证包括进出口许可证件、检验检疫证件、原产地证明、关税配额证明等。海关单证包括保税加工货物备案凭证、减免税货物征免税凭证、暂时进出境货物核准凭证、进口货物直接退运表、责令直接退运通知书、加工贸易货物内销征税联系单、原进出口货物报关单、海关出具的预归类决定书等。其他单证包括报关委托书/委托报关协议、商品检验证明书、溢短装证明等。

实训练习

实训目标

熟悉国际货运报关、报检操作流程,能够独立完成集装箱运输相关单据的缮制。

任务导入

Linda是南京市某货运代理公司的操作员,受德盛贸易有限公司(DESUN TRADING CO.,LTD)委托,为该公司办理货运及相关业务,并协助该公司办理出口相关单证,德盛贸易有限公司收到中国建设银行南京支行转来的信用证信息如下,请根据信用证信息帮助Linda准备相关单证。

```
2012AUG01 09:18:11                LOGICAL TERMINAL E102
MT S700      I                    SSUE OF A DOCUMENTARY CREDIT
PAGE                              00001
                                            FUNC   MSG700
                                            UMR    06881051
```

MSGACK DWS765I AUTH OK, KEY B198081689580FC5, BKCHCNBJ RJHISARI RECORO		
BASIC HEADER		F 01 BKCHCNBJA940 0588 550628
APPLICATION HEADER		0700 1057 010320 RJHISARIAXXX7277 977367 020213 1557 N * AL RAJHI BANKING AND INVESTMENT CORPORATION RIYADH（HEAD OFFICE）
USER HEADER		SERVICE CODE 103： BANK. PRIORITY 113： MSG USER REF. 108： INFO. FROM CI 115：
SEQUENCE OF TOTAL	* 27	1/1
FORM OF DOC. CREDIT	* 40 A	IRREVOCABLE
DOC. CREDIT NUMBER	* 20	0011LC123756
DATE OF ISSUE	* 31 C	120801
DATE/PLACE EXP.	* 31 D	DATE 121115 PLACE CHINA
APPLICANT	* 50	NEO GENERAL TRADING CO. P. O. BOX 99552, RIYADH 22766, KSA TEL：00966-1-4659220 FAX：00966-1-4659213
BENEFICIARY	* 59	DESUN TRADING CO., LTD. HUARONG MANSION RM2901 NO. 85 GUANJIAQIAO, NANJING 210005, CHINA TEL：0086-25-4715004 FAX：0086-25-4711363
AMOUNT)	* 32 B	CURRENCY USD AMOUNT 318240
AVAILABLE WITH/BY	* 41 D	ANY BANK IN CHINA, BY NEGOTIATION
DRAFTS AT...	* 42 C	SIGHT
DRAWEE	* 42 A	RJHISARI * AL RAJHI BANKING AND INVESTMENT CORP. RIYADH (HEAD OFFICE)
PARTIAL SHIPMTS	* 43 P	NOT ALLOWED
TRANSSHIPMENT	* 43 T	NOT ALLOWED
LOADING ON BOARD	* 44 A	CHINA MAIN FORT, CHINA
DISTINATION PROT	* 44 B	DAMMAM PORT, SAUDI ARABIA
LATEST SHIPMENT	* 44 C	121031
GOODS DESCRIPT.	45 A	ABOUT 1700 CARTONS CANNED MUSHROOM PIECES &. STEMS 24 TINS X 425 GRAMS NET WEIGHT AT USD7. 80 PER TIN. ROSE BRAND.
DOCS REQUIRED	* 46 A	

+DRAFTS ARE TO BE ACCOMPANIED BY THE FOLLOWING DOCUMENTS IN ENGLISH, IN DUPLICATE, UNLESS OTHERWISE SPECIFIED:

+ SIGNED COMMERCIAL INVOICE IN TRIPLICATE ORIGINAL AND MUST SHOW BREAK DOWN OF THE AMOUNT AS FOLLOWS: FOB VALUE, FREIGHT CHARGES AND TOTAL AMOUNT C AND F.

+ FULL SET CLEAN ON BOARD BILL OF LADING MADE OUT TO THE ORDER OF AL RAJHI BANKING AND INVESTMENT CORP, MARKED FREIGHT PREPAID AND NOTIFY APPLICANT, INDICATING THE FULL NAME, ADDRESS AND TEL NO. OF THE CARRYING VESSEL'S AGENT AT THE PORT OF DISCHARGE.

+ PACKING LIST IN ONE ORIGINAL PLUS 5 COPIES, ALL OF WHICH MUST BE MANUALLY SIGNED.

+ INSPECTION (HEALTH) CERTIFICATE FROM C. I. Q. (ENTRY-EXIT INSPECTION AND QUARANTINE OF THE PEOOPLES REP. OF CHINA) STATING
GOODS ARE FIT FOR HUMAN BEING.

+ CERTIFICATE OF ORIGIN
DULY CERTIFIED BY C. C. P. I. T.
STATING THE NAME OF THE MANUFACTURERS OF PRODUCERS
AND THAT GOODS EXPORTED ARE WHOLLY OF CHINESE ORIGIN.

+ THE PRODUCTION DATE OF THE GOODS NOT TO BE EARLIER THAN HALF MONTH AT TIME OF SHIPMENT. BENEFICIARY MUST CERTIFY THE SAME.

+ SHIPMENT TO BE EFFECTED BY CONTAINER AND BY REGULARE LINE. SHIPMENT COMPANY'S CERTIFICATE TO THIS EFFECT SHOULD ACCOMPANY THE DOCUMENTS.

DD. CONDITIONS   * 47 A

A DISCREPANCY FEE OF USD50.00 WILL BE IMPOSED ON EACH SET OF DOCUMENTS PRESENTED FOR NEGOTIATION UNDER THIS L/C WITH DISCREPANCY. THE FEE WILL BE DEDUCTED FROM THE BILL AMOUNT.

CHARGES	*71 B	ALL CHARGES AND COMMISSIONS OUTSIDEKSA ON BENEFICIARIES' ACCOUNT INCLUDING REIMBURSING, BANK COMMISSION, DISCREPANCY FEE (IF ANY) AND COURIER CHARGES.
CONFIRMAT INSTR	*49	WITHOUT
REIMBURS. BANK	*53 D	AL RAJHI BANKING AND INVESTMENT CORP RIYADH (HEAD OFFICE)
INS PAYING BANK	*78	DOCUMENTS TO BE DESPATCHED IN ONE LOT BY COURIER. ALL CORRESPONDENCE TO BE SENT TO AL RAJHI BANKING AND INVESTMENT COPR. RIYADH (HEAD OFFICE)
SEND REC INFO	72	REIMBURSEMENT IS SUBJECT TO ICC URR 525
TRAILER		ORDER IS ＜MAC：＞ ＜PAC：＞ ＜ENC：＞ ＜CHK：＞ ＜TNG：＞ ＜PDE：＞ MAC：E55927A4 CHK：7B505952829A HOB：

项目小结

本项目涉及的知识点包括集装箱装箱的基本要求与一般原则、集装箱装箱的常见工艺、国际货运报关、报检操作流程及相关单证等,本项目的两大任务(集装箱装箱、集装箱运输单证缮制)中的实训数据和实训单证都来自企业真实的数据和单证,这两大任务提炼了集装箱运输在本项目中的核心技能,模拟了企业真实的工作环境。通过本节知识点的学习和相关任务的练习,一定能锻炼大家的动手能力和相关技能,为今后工作打下良好的基础。

项目五
集装箱船配积载

CONTAINER
TRANSPORT
PRACTICE

(1) 掌握集装箱船舶配积载的原则。
(2) 熟悉集装箱船舶配积载图的含义和特点。
(3) 了解集装箱船舶配积载的作业流程。
(4) 能够根据货运要求进行船舶配积载。

知识链接

集装箱船是一种专门载运集装箱的船舶,它的全部船舱或部分船舱用来装载集装箱,在甲板上也可堆放集装箱。为了降低运输成本,集装箱船有大型化的倾向。随着集装箱船舶的大型化,集装箱船舶配积载工作的重要性显得更加重要。

集装箱船舶配积载不仅对于集装箱运输安全至关重要,同时,也是整个码头作业系统中的重要一环。配积载工作质量的高低,直接关系到码头装船作业的质量和效率,关系到集装箱班轮的船期,同时也影响到码头的声誉。因此现代集装箱码头十分重视船舶的配积载工作质量,设置专门的配积载岗位,采用专人专职的管理制度,加强集装箱船舶的配积载工作。

芜湖海事局开展集装箱运输安全专项整治活动

2009年8月下旬,重庆市丰都县航龙船务公司所属"航龙518"集装箱船,由重庆下行至三峡两坝间石牌弯道水域时,由于集装箱配积载不当,船舶发生倾斜,62个集装箱落水,其中危险品集装箱12个。此次事故不仅对船公司造成巨大损失,而且影响了长江水域相关航道的集装箱运输。

为加强集装箱运输安全管理,强化集装箱船舶和船员管理,减少集装箱船舶安全事故的发生,防止污染水域环境,芜湖海事局港区海事处立即决定:在辖区范围内开展集装箱运输安全专项整治活动。

从本案例可以看出集装箱配积载对集装箱安全运输的重要性。

一、集装箱船舶配积载的含义和作用

(一)配积载的含义和原则

1. 配积载的含义

配积载是指为具体的运班选配货载,即承运人根据货物托运人提出的托运计划,对所属运输工具的具体运班确定应装运的货物品种、数量及体积。配积载的结果是编制运班装货清单。装货清单通常包括卸货港站、装货单号、货名、件数、包装、质量、体积及积载因子等,同时还要注明特殊货物的装载要求。

2. 配积载的原则

一般来说,轻重搭配是配积载的最简单的原则。也就是说用重货铺底,以充分利用运输工具的载重量,轻重货搭配以充分利用其可用空间体积。最后的结果是,轻重货的总质量加起来能无限接近于限定载重量的最大值,轻重货的总体积加起来能无限接近限定体积数的最大值。轻重货的搭配并不是随意的,而是要达到上面所说的目的,无论是质量还是体积都要无限接近最大化,同时还要产生最佳的经济效益,这就要求有一个科学的依据和一个科学的比例才能保证上述目的的达成。

长期以来,物流公司的员工都是凭经验来给运输工具进行配积载的,也能获取一定的效益。但这只是凭经验而已,是否已经达到运输工具使用率的最大化、配积载效益的最大化,从未有人去评估过,同时这种经验对于新员工来说是不具备的。

配积载时应注意的几点:
(1) 根据运输工具的内径尺寸,计算出其最大容积量。
(2) 测量所载货物的尺寸质量,结合运输工具的尺寸,初步算出装载轻重货物的比例。
(3) 装船时注意货物摆放顺序、堆码时的方向,是横摆还是竖放,要最大限度地利用空间。
(4) 配积载时不仅要考虑最大限度地利用载重量,还要具体情况具体分析,根据货物的属性来进行搭配。
(5) 以单位运输工具能获取最大利润为配积载总原则。

(二) 集装箱船舶配积载的含义和作用

1. 集装箱船舶配积载的含义

集装箱船舶配积载是指把预定装载出口的集装箱和预计卸载进口的集装箱,按船舶的运输要求和码头的作业要求来制订具体的装卸计划。配积载就是按照船舶既定的技术规范,科学合理地分配每一个集装箱在船上的位置,以保证船舶的航行安全和货物的运输安全。

以上含义包含了以下两方面的要求。

第一,配积载必须满足船舶的运输要求。现代集装箱船装箱量大,尤其是甲板上载有大量集装箱,这就使得集装箱船舶的安全要求更高;同时,集装箱货物常以中高价货物为主,货物的运输安全显得更重要。

第二,配积载还应兼顾码头作业的要求。现代化的码头配置了大量集装箱专用机械设备,设定了专门的集装箱装卸工艺,具有连续、高效、大规模的生产特点。因此,配积载必须结合码头作业要求,合理、有序和有效地组织装卸作业。

2. 集装箱船舶配积载的作用

集装箱船舶配积载是一项技术性很强的工作,科学合理地配积载,无论对船舶还是对码头来说,作用都非常重要。

配积载的具体作用有以下几个方面。
(1) 满足船舶稳性、吃水差、负荷强度、剪切强度等技术规范,保证船舶的安全航行。
(2) 满足不同货物的装运要求,保证货物运输的安全质量。

(3) 充分利用船舶的运输能力，提高船舶的箱位利用率。
(4) 合理安排堆场进箱计划，减少翻箱倒箱，提高堆场的利用率。
(5) 有效组织码头装船作业，提高生产作业效率。
(6) 码头装船作业签证的原始依据和吞吐量的统计资料。

二、集装箱船舶配积载的原则

（一）满足船舶的运输要求

1. 保证船舶良好的稳性

船舶常航行于汪洋大海之中，运距远、时间长、危险性大；而且舱面装载大量集装箱，受风面积大、船舶重心高。因此，集装箱船舶配积载必须把安全摆在第一位，而船舶的稳性是衡量集装箱船舶航行安全的最重要的指标。

保持稳性的措施有以下几种。

（1）通过打入大量压载水的办法来降低重心高度。现代全集装箱船甲板装载量大多超过舱内，因此船舶重心高度大于横稳心高度，为了获得适当的稳性，打入大量压载水降低重心高度显得十分必要。

（2）在预配时，尽量将重箱装在舱底，轻箱及结构强的集装箱装在甲板上。通过这种方法，也能达到降低重心高度的作用。

巨大商机——压载水处理

随着2004年《船舶压载水和沉积物控制与管理国际公约》的推出，强制要求各类船舶必须安装船舶压载水处理系统，以满足日益严格的压载水排放标准，为此，2009—2020年全球将有大约5.7万艘海事船舶需要安装压载水处理设备，市场空间巨大。

据Frost&Sullivan发布的最新"全球压载水处理系统市场"分析，2009—2020年该市场发展空间巨大，预计年增长率将达52.8%，将产生341亿美元的市场收入。

巨大的市场机遇吸引了近50家压载水系统供应商进入该市场，包括传统的污水处理企业和船舶设备企业，既有大型跨国企业，也有小型供应商。

资料来源：国际船舶网2010年5月。

2. 重箱在船舶横向左右对称，避免一边倒配箱，保持船舶左右平衡

一边倒配箱是指将某港或数港的箱子过于集中地装在左边或右边，这样的配装法对船舶的装卸影响很大，会造成船舶进出港的倾斜，容易造成船舶侧翻，造成船舶航行安全隐患。

全集装箱船都采用箱格结构，在装卸中不能产生过大的横倾，一般横倾若大于3°时，集装箱进出箱格就会产生困难。因此，在配积载时注意不要把同一港口的集装箱集中配在一侧，配积载时应左右对称，将一港或数港的箱子对称地配于船舶的左右两侧，以免在装卸过程中出现过大的横倾，影响船舶作业，甚至造成船舶侧翻。

3. 保证船舶的纵向强度

集装箱船大多数为尾机型船，即机舱、油舱、淡水舱一般集中在尾部，所以船舶在开航时，如

首部箱量满载,容易产生中拱变形;而重箱如果都集中在船舶的中部,容易产生中垂变形。为了使船舶具有良好的纵向强度,抵消船舶的中拱变形和中垂变形,配积载时要适当地把重箱配在船舶的前部和中部。

集装箱船一般是大舱口,船舶纵向强度本来就弱,如果配积载不当,在风浪中很容易断裂。所以,要注意集装箱船舶前、中、后重量的合理搭配,防止前倾、后仰或中拱现象的出现。

4. 满足船舶适当的吃水差

艏吃水也叫首倾,指船首吃水大于船尾吃水;艉吃水也叫尾倾,指船尾吃水大于船首吃水;吃水差是指船舶首尾吃水的差值,即

$$吃水差 = 艏吃水 - 艉吃水$$

过大的艏吃水易使螺旋桨产生空泡,影响航速;过大的艉吃水会影响装载量,而且还会降低航速。

适当的吃水差不仅可以保持船舶的良好操纵性能,还可以节省燃料,最大限度地发挥集装箱船舶的主机功率。

5. 避免配积载不当造成沿线挂港作业困难

集装箱班轮一般都设有固定的挂港顺序,在配积载时应注意以下一些情况。

1) 避免中途港翻装倒箱

集装箱配积载时要有全航线的整体观点,合理安排装箱顺序,以免造成港与港之间翻舱倒装,影响装卸速度和增加不必要的费用。具体装箱时,应该避免后卸港集装箱压住先卸港集装箱,或者后卸港集装箱堵住先卸港集装箱通道现象的出现。否则将产生中途港倒箱现象,而倒箱是一个世界性的难题,目前还没有很好的解决方法。

2) 避免相同卸货港集装箱在船上的位置过分集中

考虑到集装箱装卸桥吊的结构特点,两台装卸桥吊应相隔四行集装箱才能正常作业,当某一卸货港箱量过大时,应分舱装载,且相互之间距离至少相隔四行的位子。这样,就能保证两台桥吊或三台桥吊同时作业,保证装卸效率和船期。

6. 注意 20 ft 箱与 40 ft 箱的兼容

集装箱常用的有 20 ft 与 40 ft 两种,因此集装箱船上的箱格也有这两种之分,装箱时,必须注意这两种集装箱的兼容问题。

理论上 40 ft 箱格中可以堆放 2 个 20 ft 箱;但并非 40 ft 箱格内都能装 2 个 20 ft 箱。每个 20 ft 箱的 4 根角柱底部都必须有加强底座,对于那些中间部位无加强底座的 40 ft 箱位就不能装 2 个 20 ft 箱。

理论上相邻 2 个 20 ft 箱格也可以堆放 1 个 40 ft 箱;但并非相邻 2 个 20 ft 箱格一定能装 1 个 40 ft 箱。因为有的相邻 2 个可放置 20 ft 箱的加强底座是不可拆卸的,自然不能堆放 1 个 40 ft 集装箱。

这一点在集装箱配积载的时候要特别注意。

7. 满足危险货物箱和特种箱的装运要求

危险货物的危险性、特种箱结构及货物的特殊性,对集装箱配积载都有一定的特殊要求。其具体要求有以下几点。

(1) 通风集装箱、动物集装箱应配积载在甲板上。

(2) 框架箱、平台箱、超高箱必须配置在舱内或舱面的最上层。

超高箱配在舱内时注意其超高的尺寸应小于该舱内舱盖底与最高一层集装箱的空隙,以免配积载不当造成作业困难或损失。在甲板上配置超高箱时,其堆积高度不应妨碍驾驶台的视线(集装箱船大多为尾机箱船,故应尽可能减少靠近首部甲板上的装箱层数)。

(3) 危险货物箱应远离热源、机舱及船员生活区,严格按照《国际海上危险货物运输规则》执行。

(4) 冷藏箱应根据其冷却方式选择合适位置,要考虑冷藏箱电源插座和临近插座的位置,不能随意配置。

(二) 符合码头的作业要求

现代集装箱码头围绕船舶工业装卸需要,将船舶与码头组成一个系统,制订科学合理的配积载计划,因此配积载在满足船舶运输要求的同时,还要兼顾码头的作业特点和要求。只有这样,才能使港航系统既能充分发挥码头机械化高效化的作用,又能满足船舶的运输要求和船期。

具体来说,集装箱船舶配积载要符合以下三个要求。

1. 符合堆场取箱规则

集装箱码头的装卸工艺不同,堆场的取箱规则也不同。目前我国绝大多数集装箱堆场采用龙门吊装卸工艺,这种装卸工艺在堆场的取箱规则是:从外(通道侧)向里,从上向下;而船舶的装船规则则是从艏向艉,从外(海侧)向里,从下向上。配积载人员应使堆场的取箱规则与船舶的装船规则相吻合,不可只顾装船规则而忽视堆场取箱规则,以免造成堆场的大量翻箱倒箱,降低作业效率,甚至延误船期。

2. 保证机械合理有序地移动

集装箱码头大型机械主要是龙门吊和装卸桥。对堆场作业的龙门吊来说,配积载时要尽量减少翻舱,同时尽量使龙门吊的小车和大车行走路线最短,从而提高堆场效率和装船作业效率。在配积载中要特别注意避免龙门吊和大车频繁来回移动,而应使其从箱区的一端向另一端移动并依次发箱。

3. 符合船舶作业计划要求

为了顺利完成集装箱船舶配积载,一般需要提前制订一个船舶作业计划。船舶作业计划是围绕船舶装卸而制订的详细的作业任务书,包括船舶靠离泊时间、开工完工时间、作业总箱量、作业路数、机械配备,以及每一工班的任务和进度要求等。

配积载时必须仔细考虑船舶作业计划的总体要求,如根据船舶停靠的泊位和出口箱量在堆场的分布,合理安排不同卸货港集装箱的 BAY 位,避免各作业路线的道路拥挤,堆场排队争箱,龙门吊作业任务忙闲不均等不利因素,在保证重点箱的前提下使各条作业路数有条不紊地连续进行。

三、集装箱船舶配积载的作业流程

集装箱船舶配积载的作业流程可分成四个步骤,如图 5-1 所示。

(一) 收齐、核对配积载单证资料

配积载的单证资料包括船舶资料和集装箱资料两大部分,这是配积载作业的原始依据。为了科学合理地做好配积载工作,应尽量收集齐全,以免造成配积载不当或失误。这些资料主要

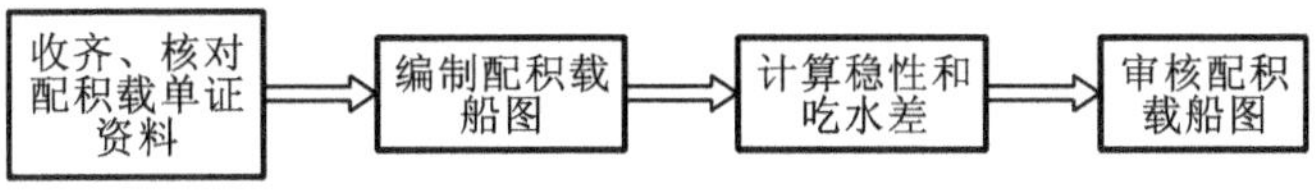

```
收齐、核对        编制配积载      计算稳性和       审核配积
配积载单证   →   船图        →   吃水差     →   载船图
资料
```

图 5-1　集装箱船舶配积载的作业流程

包括以下内容。

1. 收集集装箱船舶资料

1）集装箱船舶箱位容量和箱位分布

集装箱船舶的箱位容量是指船舶最大载箱量,通常用 TEU 来表示集装箱船舶的吨位大小,而不像普通件杂货船舶那样以吨位来衡量。

箱位容量是配积载首先需要掌握的数据,而且是配积载的极限数字,一般在配积载时不能超过这个数值。船舶在箱位设计时,首先要将 20 ft 箱与 40 ft 箱的箱位合理地设计分布好,因为有些箱位上 20 ft 箱与 40 ft 箱不能兼容;此外,还应了解冷藏箱箱位的数量及分布状况、船舶对危险货物装载的限制等。

2）船舶堆积负荷强度

船舶堆积负荷强度包括舱底和甲板所设的集装箱底座所允许堆存的最大质量,它又分为 20 ft 箱和 40 ft 箱两种。配积载时必须做到无论舱内还是舱面,每一列集装箱的总质量不能超过船舶规定的堆积负荷强度,尤其是配有较多重箱或配有超重箱时更应引起注意,以免损伤船体结构而被船方拒载。

3）船舶的长度、宽度和吃水要求

船舶的长度一般包括总长和两柱间长。船舶的总长是指最前端至最尾端的水平距离;两柱间长是指从船舶艏柱前缘至艉柱后缘的水平距离,该参数是配积载后计算船舶吃水差的数据,也是配积载人员考虑装卸作业路数的依据。

船舶的宽度是指型宽,即船舶两舷间最大水平距离。

船舶的吃水通常是指满载吃水,它是极限吃水值。配积载人员还应考虑到本码头和航道的水深状况,必要时应减少配箱,以保证船舶顺利进出港。

4）冷藏箱位和对危险货物箱的装载限制

集装箱船舶通常设一定数量的冷藏箱位,以供冷藏箱装运,这是配积载冷藏箱的最大数值,不能超过这个数值;每艘船舶对危险品都有装载限制,以保证船舶和货物的安全,配积载时也注意这些装载限制。

5）空船质量和常数

空船质量是指新船出厂或进坞修理后的船舶质量,不包括任何装运于船上的货物、燃料、水、船员、粮食等质量。

常数是指油舱内的油垢、水舱内的水垢、集装箱绑扎工具等质量,这些质量不计入载货重量,也不计入空船质量,且在一定的时间内较稳定,故称为常数。常数是配积载后计算船舶工业稳性和吃水差的依据。

6）稳性和吃水差计算书

集装箱船舶建成出厂后,其尺寸、形状、结构已定,为了减少每次装载后的繁杂计算,可根据船舶工业既定的特点,事先计算出船舶工业在不同排水量情况下的各项数据,并用表格形式编制成稳性和吃水差计算书。

配积载完成后,可根据船舶排水量直接查取所需的各项数据,从而大大地简化稳性和吃水差的计算。

2. 收集堆场集装箱资料

1) 集装箱装箱单

集装箱装箱单是详细记载箱内货物情况的单证,包括货名、质量、包装、件数、箱号、关封号、提单号、箱尺寸、箱型、箱总质量,以及船名航次、装船港、卸货港等,装箱单是配积载人员安排船舶箱位的必备单据。

2) 装货单

装货单是出口报关的必需单证,配积载人员应验明装货单,只有加盖海关放行章的装货单才能配积载装运出口。

3) 特种箱清单

冷藏箱、开顶箱、框架箱、平台箱、罐状箱等特种集装箱,对配积载有特殊的要求,配积载人员应事先了解特种箱量,做好充分的配积载准备。

4) 危险货物箱清单和危准单

危险货物箱清单向配积载人员提供危险货物的详细情况,包括数量、箱型、尺寸、箱内危险品的名称、重量、国际危规类别等资料,配积载人员可按照此资料的配装要求直接配装。危准单是危险品货物准装箱证明书,发货人必须向码头递交危准单,否则集装箱码头不予配积载装船。

5) 预配船图

预配船图是船公司或船代理根据订舱资料并综合考虑航线挂港情况而编制的船图,它是集装箱码头配积载人员在配积载作业时考虑的重要依据。

6) 集装箱的堆场位置

出口集装箱进入码头堆放后,每个集装箱都有一个相应的堆场箱位,掌握集装箱在堆场的具体位置,可以方便配积载人员根据码头作业的特点进行配积载,减少翻箱倒箱的情况,提高装船作业效率。

3. 校对相关内容

1) 装箱单与装货单是否相符

装箱单是随出口重箱一起送入码头的单子,集装箱必须通过报关才能装运出口,因此在未通过报关前,堆场上的出口箱还不能配积载。

校验装箱单和装货单的主要目的,就是验看装货单是否加盖海关放行章,配积载人员应切记,只有海关放行的集装箱才能配积载装运。

2) 进场集装箱资料的汇总和校对

配积载人员应进行汇总和校对,包括出口箱的总数、20 尺箱和 40 尺箱的数量、特种箱的数量及其类型、危险货物箱的数量及其国际危规类别、沿线各卸货港的集装箱及其数量等,通常可根据卸货港进行分类、校对和汇总。

3) 掌握出口箱在堆场的实际位置

为方便装船作业,集装箱码头在进箱时通常按比例"四分开"的原则堆放,即不同卸货港分开、不同尺寸分开、不同箱型分开和不同质量分开。

由于堆场面积的限制和进箱的随机性,使得"四分开"不能很彻底,这就要求配积载人员掌握出口箱在堆场的实际位置,避免配积载不当造成堆场的频繁翻箱找箱,妨碍装船作业的次序和效率。

(二) 编制配积载船图

掌握齐全资料后,进行集装箱船舶的配积载,主要作业就是编制封面图,在船舶运输和码头作业要求之间统筹兼顾,求得最佳平衡点。

通常先考虑危险货物箱和特种箱的配置,然后考虑普通箱的位置,因为普通箱在船箱位上有较大的互换性。封面图配置完成后,还可将所配集装箱按卸货港顺序编列一个统计表,以便核对配积载是否准确。配积载船图的相关内容将在下一任务中详细介绍。

(三) 稳性和吃水差的计算

根据所编制的配积载船图,按照一定的计算方法进行稳性和吃水差的计算,以确保船舶既定的规范和航行安全。

集装箱码头所计算的稳性,是指船舶的初稳性高度 GM 值,它是衡量船舶小倾角条件下复原能力的指标。计算步骤和计算公式如下。

1. 计算船舶稳性

1) 计算船舶总排水量 DISP

$$DISP = Cargo + Constant + Light\ Ship + Tank$$

式中:Cargo——集装箱货物总量;

Constant——船舶常数;

Light Ship——空船质量;

Tank——液体舱液体总质量。

2) 计算各项质量的垂向力矩之和 $\sum M_T$

$$\sum M_T = Cargo \times VCG_1 + Constant \times VCG_2 + Light\ Ship \times VCG_3 + Tank \times VCG_4$$

式中:VCG_1 至 VCG_4 为各项质量的垂心向(垂向坐标)高度。

3) 计算船舶重心高度 KG、船舶初稳性高度 GM 和经自由液体修正后的初稳性高度 GM1

$$KG = \frac{\sum M_T}{DISP}$$

$$GM = KM = KG$$

$$GM1 = CG$$

式中:KM——船舶的稳心高度,可根据计算所得的 DISP 从稳性吃水差计算书中查取,而

$$CG = \frac{FSM(船舶液体舱自由液面力矩之和)}{DISP}$$

FSM 可由船方提供。

2. 计算吃水差

吃水差的计算可由下列公式求得。

1) 计算吃水差 Trim

$$Trim = DISP \times (LCG - LCF) \div MTC$$

式中:LCF——船舶浮心纵向坐标高度;

MTC——每米吃水纵倾力矩。

这两项数据均可由 DISP 在稳性吃水差计算书中直接查取；LCG 为船舶重心纵向坐标高度，需按下式计算得到：

$$\mathrm{LCG} = \frac{\sum L_\mathrm{T}}{\mathrm{DISP}}$$

式中：$\sum L_\mathrm{T}$——船舶各项质量的纵向力矩之和。

2) 计算艏吃水差 F.Dra

$$\mathrm{F.Dra} = \mathrm{Dra} + (\mathrm{LBP} - \mathrm{LCF}) \div \mathrm{LBB} \times \mathrm{Trim}$$

式中：Dra——船舶平均吃水(ft)，LCF 为船舶浮心的纵向坐标，均可根据 DISP 从稳性吃水差计算书中查取；

LBP——船舶两柱间长，由船舶资料给出。

3) 计算艉吃水差 A.Dra

$$\mathrm{A.Dra} = \mathrm{Dra} - \mathrm{LCF} \div \mathrm{LBP} \times \mathrm{Trim}$$

单位为 ft。

(四) 审核配积载船图

配积载完成后还应对所配的船图进行认真审核校对，检查配积载是否有不当或失误，以免造成装船作业的被动或不应有的损失。

审核的主要内容有以下几个方面。

(1) 全船舶集装箱的数量、箱型、尺寸、卸货港是否与出口资料一致。
(2) 危险货物箱和特种箱配位是否满足船舶限制和货物装运要求。
(3) 每一列集装箱的总重及全船集装箱的质量分布是否满足船舶规范。
(4) 各卸货港的箱位安排是否满足装卸要求。
(5) 稳性和吃水差是否满足船舶要求。

船图审核完成后，如发现配积载不当或错误，要及时纠正，以确保配积载质量。码头配积载人员完成全部配积载作业后，在装船前还应将配积载图交大副审核，经大副签字后作为装船作业的正式文件。如果大副有修改意见，应以大副修改并签字的配积载图为准。

四、危险货物配积载

危险货物本身具有燃烧、爆炸、腐蚀、毒害及放射性等特点，有一定的潜在危险，在运输、装卸和保管过程中，如果处理不当可能会引起人身伤亡或财产损毁。所以，为了保障危险货物运输的安全，运输工具的结构、装载方法等必须满足一定的技术要求。

(一) 危险货物的分类

《国际危规》将危险货物分为九大类，即：爆炸品，气体，易燃液体，易燃固体，易自燃物质和遇水放出易燃气体的物质，氧化物质(氧化剂)及有机过氧化物，有毒(毒性)的物质及感染性物质，放射性物质，腐蚀性物质，杂类危险物质。

1. 爆炸品

爆炸品包括爆炸性物质、爆炸性物品，以及为产生爆炸或烟火效果制造的物质和物品。所谓爆炸性物质是指通过其本身的化学反应产生气体，其温度、压力和速度能对周围环境造成破坏的某一固态或液态物质和一些物质的混合物。

2. 气体

气体包括永久性气体（指在环境温度下不能液化的气体）、液化气体（指在环境温度下经加压能成为液体的气体）、可溶气体（包括经加压后溶解在溶剂中的气体）及深度冷却的永久性气体（指在低温下加低压液化的气体）。

气体按其危险性可分为易燃气体、非易燃气体、有毒气体等；第2类危险货物的危险特性主要有以下表现：易燃性和爆炸性、窒息性、麻醉性和毒性、污染性等。

3. 易燃液体

易燃液体包括在闭杯试验61℃（相当于开杯试验65.6℃）以下时放出易燃蒸汽的液体或液体混合物，或者含有处于溶液中呈悬浮状态固体的液体（如油漆、清漆等）。易燃液体的危险特性主要有以下表现：挥发性和易燃性、爆炸性、麻醉性和毒害性、易积聚静电性、污染性等。

4. 易燃固体、易自燃物质和遇水放出易燃气体的物质

本类物质是指除了划为爆炸品以外的，在运输情况下易于燃烧或者可能引起火灾的物质。本类物质在《国际危规》中，可分为易燃固体、易自燃物质和遇湿危险物质。

5. 氧化物质（氧化剂）及有机过氧化物

本类物质包括氧化物质（氧化剂）及有机过氧化物。

氧化物质具有以下危险特性：在一定的情况下，直接或间接放出氧气；易于点燃，有时甚至因摩擦或碰撞而着火；与液体酸类会发生剧烈反应，散发有毒气体；有毒性或腐蚀性，或者被确定为海洋污染物。

有机过氧化物具有以下危险特性：具有强氧化性，对摩擦、碰撞或遇热都极为不稳定，易于自行分解，并放出易燃气体；受外界作用或反应时释放大量热量，迅速燃烧；燃烧又产生更高的热量，形成爆炸性反应或分解；有机过氧化物还具有腐蚀性和一定的毒性或能分解放出有毒气体。

6. 有毒（毒性）的物质及感染性物质

本类物质包括有毒（毒性）的物质和感染性物质。

有毒（毒性）的物质是指被吞咽、吸入或与皮肤接触易造成死亡、重伤害或损害人体健康的物质。本类物质具有以下危险特性：几乎所有的有毒物质遇火时或受热分解时都会散发出毒性气体。有些有毒物质还具有易燃性。很多本类物质被认为是海洋污染物。

感染性物质是指含有微生物或其毒素，会引起或有可能引起人或动物疾病的物质。感染性物质具有以下危险特性：对人体或动物都有危害性的影响。

7. 放射性物质

本类物质包括自发地放射出大量放射线，其放射性比活度（单位为 kBp/kg）大于 70 kBp/kg 的物质。

放射性物质放出的射线有 α 射线、β 射线、γ 射线及中子流四种。所有的放射性物质都因其放射出对人体造成伤害的看不见的射线而具有或大或小的危险性。

8. 腐蚀性物质

本类物质包括其在原态时都或多或少地具有能严重伤害生物的组织，如从其包装中漏出也可损坏其他货物或运输工具的固体或液体。

腐蚀性物质的危险特性：具有很强的腐蚀性及刺激性，对人体有特别严重的伤害；对货物、金属、玻璃、陶器、容器、运输工具及其设备造成不同程度的腐蚀。腐蚀性物质中很多具有不同程度的毒性，有些能产生或挥发有毒气体而引起中毒。

9. 杂类危险物质

杂类危险物质和物品具有多种的危险特性，每一杂类危险物质和物品的特性都载于有关该物质或物品的各个明细表中。

（二）装运危险货物的运输工具条件

装运危险货物应采用钢质运输工具，应有可靠的电器连接装置或避雷装置，同时应具备相应的设备条件，如防火、救灾的设备。装运爆炸品、易燃气体、易燃液体、易燃固体及遇湿危险物质的运输工具都应符合相应的运输要求。

（三）危险货物的承运要求

1. 具有合格的包装

包装的材质、形式、包装方法及包装封口等应与所装危险货物的性质相适应，包装制作恰当，且状况完好；包装的内表面与包装内货物接触时，应具有不致发生危险性反应的特性；包装应坚固，具有一定的强度，能经得住装卸及运输方式的一般风险；液体包装容器内要有适当的衬垫，在布置上应能防止货物移动；所采用的吸收材料，在数量上应足够于吸收液体，防止由于容器万一破裂时所造成的货物外漏。

危险货物的包装应符合要求，并被主管部门确认，取得"包装适用证书"方可使用。装有危险货物的包装应经有关检验机关检验合格，取得"包装检验证明书"。

2. 具有正确的标记、标志及标牌

每个装有危险货物的包件都应标有其内装物的正确运输名称的耐久标记。其标注方法应符合运输与包装的要求。标记在海水中至少浸泡三个月后仍然清晰。含有海洋污染物的包件还应标以耐久的海洋污染物标记。

除另有规定者外，一切盛装有危险货物的包件应有适当的识别标志、图案标志或标牌，以表明货物的危险性质。同时具有两种以上危险货物的包件，应贴主标志和副标志。副标志下角无类别号，以示主、副区别。一般在货物明细表中都应注明主、副标志。

3. 具有正常完备的托运单证

托运人提交的危险货物申报单内必须填写危险货物的正确运输名称、数量、货物的类别及细分类、联合国编号（托运"限量内危险货物"无此要求）及《国际危规》页码。并需出具危险货物包装审核单位签署的"包装适用证书"及危险货物包装检验机构签署合格的"包装检验证明书"。在危险货物申报单中应附有说明该交付托运的危险货物业已妥善包装和妥善地加上了标记、标志、标牌，以及合适的装运状态的证明书或声明书。

托运《国际危规》中未列名的危险货物时，应填报"危险货物技术证明书"。对放射性物品还应提交有关核查单位签发的"放射性货物剂量检查证明书"。采用集装箱运输的危险货物，必须在运输前取得装箱部门提供的、并经有关法定机关或监装机关签发的"危险货物装箱证明"。采用水运方式时，装运危险货物的船舶，应具有列明船上所装危险货物及其位置的特殊清单或舱单。标明所有危险货物类别并注明其在船上位置的详细的货物积载图，可以代替此种特殊清单或舱单。

(四)危险货物的装运与积载要求及注意事项

要认真核对货主托运的危险货物的正确运输名称、理化特性、所属类别、包装数量、积载要求、消防急救措施及对运输管理的要求等。对性质不清的货物,必须搞清其性质。对《国际危规》品名表中未列明的危险货物(即对运输中不常见的或国际贸易中的新产品,其性质属该类别定义范围内,并在各类中授予了联合国编号,但在该规则中未列出具体名称的物质或物品),应要求托运单位提交"危险货物技术证明书"。在装运前,须认真检查包装和标志。凡不符合规定或质量不符合要求的,应一律不接受托运。

如运输设备有明显缺陷,应积极采取措施进行修复或改装。装运危险货物时,必须事先对运输设备、装置进行临时检验。在检查认可合格,并取得"合格装运危险品证书"后,方可接受承运。

(五)危险货物的积载、隔离、配装

隔离表中列出的是危险货物各类别之间的一般隔离要求,但鉴于每一类别中的物质或物品的特性差别很大,因此,应随时查阅明细表中对隔离的具体要求。危险货物隔离表见本书附录O。

各类危险货物相互之间的隔离,按照危险货物隔离表的要求分为四个级:隔离1,即"远离";隔离2,即"隔离",舱内积载时,应装在不同的货舱内;隔离3,即"用一整个舱室或货舱隔离";隔离4,即"用一个介于中间的整个舱室或货舱作纵向隔离"。

危险货物与食品的隔离要求应做到:腐蚀性物质及有害物质(海洋污染物)与食品应"远离",有毒物质及放射性物品与食品及其原料应"隔离";所有感染性物质的积载应与食品"用一整个舱或货舱隔离"。

装运危险货物集装箱的隔离原则:严格按配装要求和隔离要求进行配箱;严格按隔离要求和积载类要求进行积载。除按隔离表积载外,集装箱还应按下列要求进行积载。

1. 装运危险货物集装箱在"隔离1"条件下的积载

(1) 封闭式集装箱的垂直积载。

(2) 封闭式集装箱的水平积载。

(3) 开敞式集装箱的水平积载。

2. 装运危险货物集装箱在"隔离2"条件下的积载

(1) 封闭式集装箱的水平积载。

(2) 开敞式集装箱的水平积载。

开敞式集装箱不应装在同一个舱室内;隔离舱壁应为钢质;舱面积载应按封闭式集装箱的要求进行处理。

3. 装运危险货物集装箱在"隔离3"条件下的积载(垂直方向原则上不积载)

(1) 封闭式集装箱不应装在同一舱室内,且两个舱室之间的舱壁应为钢质。

(2) 开敞式集装箱应隔开一个整舱,中间需隔离两个钢质舱壁或甲板。

(3) 可舱面积载。

4. 装运危险货物集装箱在"隔离4"条件下的积载(垂直方向不能积载)

(1) 封闭式集装箱应隔开两个钢质舱壁或隔开一个钢质舱壁。但间隔至少有24 m,且距舱壁的距离不少于6 m。

(2) 开敞式集装箱至少隔两个钢质舱壁。

任务一　绘制集装箱船舶配积载图

> **任务引导**
>
> 　　集装箱配积载对集装箱安全运输的重要性不言而喻,那么如何才能提高配积载的效率呢?所以需要对集装箱的配积载制订计划,画出配积载图。
> 　　凡事预则立,不预则废。配积载也是如此,人们需要在集装箱装卸和运输前,制订详细的集装箱配积载计划;为了准确高效地配积载,还需要画出集装箱配积载图,根据配积载图进行集装箱装卸和运输。

任务引入

已知天丽号全集装箱船的某一行的箱位分布(如图 5-2 所示),其中甲板上第 1 层和第 2 层为冷藏箱箱位,该集装箱船从上海启航,沿途依次挂靠宁波港、广州港、香港,最后到达新加坡港。该集装箱船的航次为 001TL,该集装箱船关于这一行的订舱摘要见表 5-1。

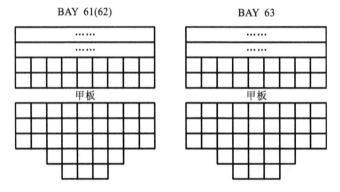

图 5-2　天丽号全集装箱船某一行的箱位分布图

表 5-1　天丽轮 001TL 航次订舱摘要

POL/POD	G. W. (TONS/PER UNIT)	QUANTITY		REMARK
		20 ft	40 ft	
SHA/NGB	10	6		TYPE:GP
	15		4	TYPE:GP
SHA/CAN	17		2	TYPE:VH
	19	18		TYPE:GP

续表

POL/POD	G.W.(TONS/PER UNIT)	QUANTITY 20 ft	QUANTITY 40 ft	REMARK
SHA/HKG	22		9	TYPE:R
	20		18	TYPE:GP
SHA/SIN	28		3	TYPE:GP
	25		5	TYPE:GP
	21		9	TYPE:GP

请为001TL航次的天丽轮的这一行制订配积载计划,画出配积载图,能够说出特殊箱的箱位号。

该任务中涉及的配载任务只是天丽轮某一行的配载,只要掌握了该行的配载,那么其他行,乃至整条船的配载就都会了。

任务中涉及的配载原则包括以下几点。
(1) 根据挂港顺序安排集装箱配载,避免中途港翻装倒箱。
(2) 保证船舶良好的稳性,尽量将重箱装在舱底,轻箱及结构强的集装箱装在甲板上。
(3) 通风集装箱、动物集装箱应配积载在甲板上,尽量放在通风最好的位置。
(4) 冷藏箱应配积载在冷藏箱的箱位上,尽量放在船员最方便插电源的位置。

【相关知识点】

一、集装箱在船舶的位置表示方法

通常用箱位号表示每个集装箱在全集装箱船上的准确位置,该箱位号由6位阿拉伯数字组成。这6位数字反映了箱子在船上的三维空间坐标,前2位表示集装箱的排号(行号),中间2位表示集装箱的列号,后2位表示集装箱的层号。

需注意的是,箱位号与箱号虽一字之差但含义却大不相同,切不可混淆。箱号如同一个人的姓名一样,它是称呼集装箱的代号,如项目三所述,它包括11个字符,即4个大写拉丁字母及7个阿拉伯数字。

(一) 行号/排号

20 ft集装箱的行号(BAY No.)从船首至船尾以奇数顺序编号01、03、05、07、…表示。两个连续20 ft箱的箱位被用于装载40 ft箱,则该40 ft集装箱号以介于所占的两个20 ft箱位的奇数行号之间的一个偶数表示。例如,在03和05两行上装载40 ft集装箱时,则该箱箱位行号即为04,此时在制作集装箱配积载图时,05行的相应小方格内打"×"表示;如果船舶装载的都是40 ft集装箱,那么集装箱的行号从集装箱的船首至船尾以偶数顺序编号02、06、08、…表示。行号的表示方法如图5-3所示。

(二) 列号

作为箱位横向坐标的列号(Row No.)是指集装箱在船舶横向(左右方向)的排列顺序号,列

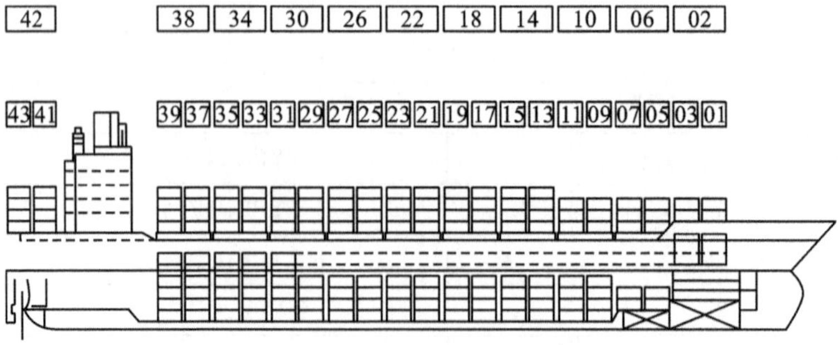

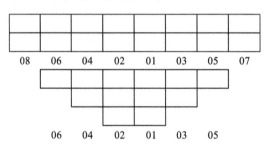

图 5-3 船舶上集装箱的行号

号的编号有以下两种情况。

1. 总列数为偶数

当船舶上集装箱的总列数为偶数时,从船舶上集装箱的正中间算起(即以中纵剖面为基准)分别往左右两边,按"左偶右奇"的原则开始编号(即左半部分用从小到大连续的偶数表示,右半部分用从小到大连续的奇数表示)。

按照这种编号原则,船舶左半部分自船中间向左舷边的列为号分别为 02、04、06、08、10、…,船舶右半部分自船中间至右舷边列位号分别为 01、03、05、07、09、…,如图 5-4 所示。

图 5-4 船舶上集装箱的列号(总列数为偶数)

2. 总列数为奇数

当船舶上集装箱的总列数为奇数时,那么船舶上的集装箱存在一个中间列,即中纵剖面上的那列编号为 00;从中间列分别往左右两边,按"左偶右奇"的原则开始编号。船舶左半部分自船中间向左舷边的列为号分别为 02、04、06、08、10、…,船舶右半部分自船中间至右舷边列位号分别为 01、03、05、07、09、…,如图 5-5 所示。

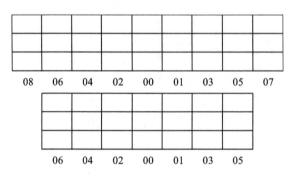

图 5-5 船舶上集装箱的列号(总列数为奇数)

(三) 层号

作为箱位垂向坐标的层号(TIER NO.)是指集装箱在船舶竖向(上下方向)的排列顺序号,编号原则如下:全以偶数表示层位号,甲板层数与舱内层数分开表示。

为了不使积载于甲板上的集装箱层号与舱内的集装箱层号相混淆,舱内和甲板上分开编号:舱内自上而下依次用02、04、06、08、10、…表示;甲板上从甲板底层算起,从下往上依次用82、84、86、88、90、…表示,如图5-6所示。

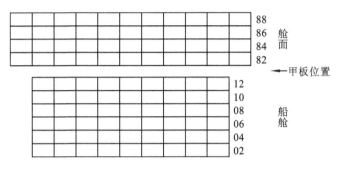

图5-6 船舶上集装箱的层号

二、集装箱船舶的配积载图

制作和认识集装箱船舶配积载图是集装箱船公司、集装箱装卸公司、船舶代理公司、理货公司及船上船员等有关人员应掌握的一项基本技能。

集装箱船舶配积载图主要用来表示所装货物的卸货港、装货港、质量、性质、状况及装载位置等情况,船图通常有三种表示形式,即由船代制作的预配图、由码头制作的实配图和由外理制作的最终积载图。这三种船图的表示方法基本相同。

需要注意的是,配积载图形式多样。由于每一艘集装箱船的大小、形状及舱位布置是不同的,船上所载货物情况也不一样,所以船图有可能不同。不同的编制人员有不同的习惯,所以有可能采用不同的表示方法,船图的表示方法有很多种,最常见的是字母图、数字图、符号图、颜色图,以及上述四种表示方法的组合图。尽管集装箱船舶的配积载图的形式可能不同,但所表达的意思是一样的,实质是相同的。

(一) 预配图

集装箱船舶预配图(pre-stowage bay plan)是集装箱船舶配积载中最重要、最关键的环节,是制作集装箱船舶实配图及最终积载图的基础与依据,它由卸货港图、重量图、特殊箱图组成。

1. 卸货港图

卸货港图(discharge plan)通常用字母表示本港装船的集装箱的卸货港,卸货港图上待装箱位(小方格)用1个英文字母表示该箱的卸货港,例如从香港出发的航次为Voy.06E10的"London Express"集装箱船,其卸货港图如图5-7所示。在该卸货港图中,B代表波士顿(Boston);L代表洛杉矶(Los Angeles);M代表迈阿密(Miami);N代表诺福克(Norfolk);T代表多伦多(Toronto);V代表温哥华(Vancouver)。

对于40 ft箱,其后半部分所在的箱位小方格内被"×"占据,其卸货港字母标在其前半部分所在的箱位小方格中。

从图 5-7 中可以看出,将在温哥华卸下的 120 个箱子分别预配于 03 行舱内(24 只 20 ft 集装箱)、07 行舱内(40 只 20 ft 集装箱)、11 行舱内(32 只 20 ft 集装箱)、30 行(占用 29、31 两个行位)舱内(24 只 40 ft 集装箱),第 23 行的甲板上的预配图有 11 只到多伦多的 20 ft 集装箱、24 只到迈阿密的 20 ft 集装箱。

通常用一个大写字母表示在本港装船的集装箱的卸货港,也可用不同颜色、不同符号或不同数字等表示不同卸货港,但不论使用哪种方法,都应在预配图的空白处加以示意。

2. 重量图

重量图(weight plan)用来表示每个集装箱的箱货总质量(箱子自重加货物质量),例如从香港出发的航次为 Voy. 06E10 的"London Express"集装箱船,其重量图如图 5-8 所示。一般在图上的每个箱位(小方格)内用阿拉伯数字表示,单位为公吨。对于 40 ft 箱,其后半部分所在的箱位小方格内被"×"占据,其箱货总质量标在其前半部分所在的箱位小方格中。

从图 5-8 中可见,第 07 行舱内共配有 40 只集装箱,其中总重为 7 吨的集装箱有 24 只,总重为 8 吨的集装箱有 16 只。第 10 行甲板上共配有 33 只 40 ft 集装箱,其中总重为 7 吨的集装箱有 11 只,总重为 8 吨的集装箱有 22 只。

重量图一般在图上的每个箱位(小方格)内用阿拉伯数字直接表示质量,也可用不同字母、不同符号、不同颜色等表示不同质量。

3. 特殊箱图

特殊箱图(special container plan)用来反映特殊集装箱的装箱情况。最常见的特殊箱为冷藏箱和危险品箱,其他特殊箱还有平板箱、台架箱、开顶箱、通风箱、活动物箱、兽皮箱、隔热箱、45 ft 超长箱等,例如从香港出发的航次为 Voy. 06E10 的"London Express"集装箱船,其特殊箱图如图 5-9 所示。

图 5-9 所示的特殊箱图使用了不同的字母来表示不同的集装箱类型,用"R"表示冷藏箱(reefer container);用"D"表示危险品箱(dangerous goods container),或者直接用危险品等级来表示。图 5-9 中,2.1、3.3 分别表示该级别的危险品箱,并标注其箱位号。其他特殊箱须用专门的符号表示并在特殊箱图中特别标注。

对于 40 ft 集装箱,其后半部分所在的箱位小方格内被"×"占据,其特殊代号标在其前半部分所在的箱位小方格中。

从图 5-9 中可见,第 17 行舱内最顶层配有 8 只冷藏箱,这些冷藏箱的卸货港从图 5-7 中可知为诺福克,其质量从图 5-8 中可知每箱为 13 t。第 38 行甲板上左下角还有 4 只 40 ft 冷藏箱。第 03 行甲板上左上角配有 4 只 2.1 级的危险品箱,分别重 9 t、9 t、10 t、10 t,卸货港均为洛杉矶。另外,07 行甲板上 86 层有 3 只 3.3 级危险品箱,09 行甲板上 86 层左、右上角各有 1 只通风箱,42 行甲板上 84 层中间有 2 只板架式 40 ft 集装箱,其质量均为 21 t,卸货港为波士顿。

4. 预配图

在现代化的国际集装箱码头,由于数据通信技术的进步,船公司或船舶代理所编制的预配图可通过 EDI 传递给集装箱码头,并可打印出来。这种图的特点是可将前述预配图中的三张分图合并在一张图上,并用不同的颜色、符号表示,把图 5-7、图 5-8 和图 5-9 合并为一张预配图,如彩图 1 所示。

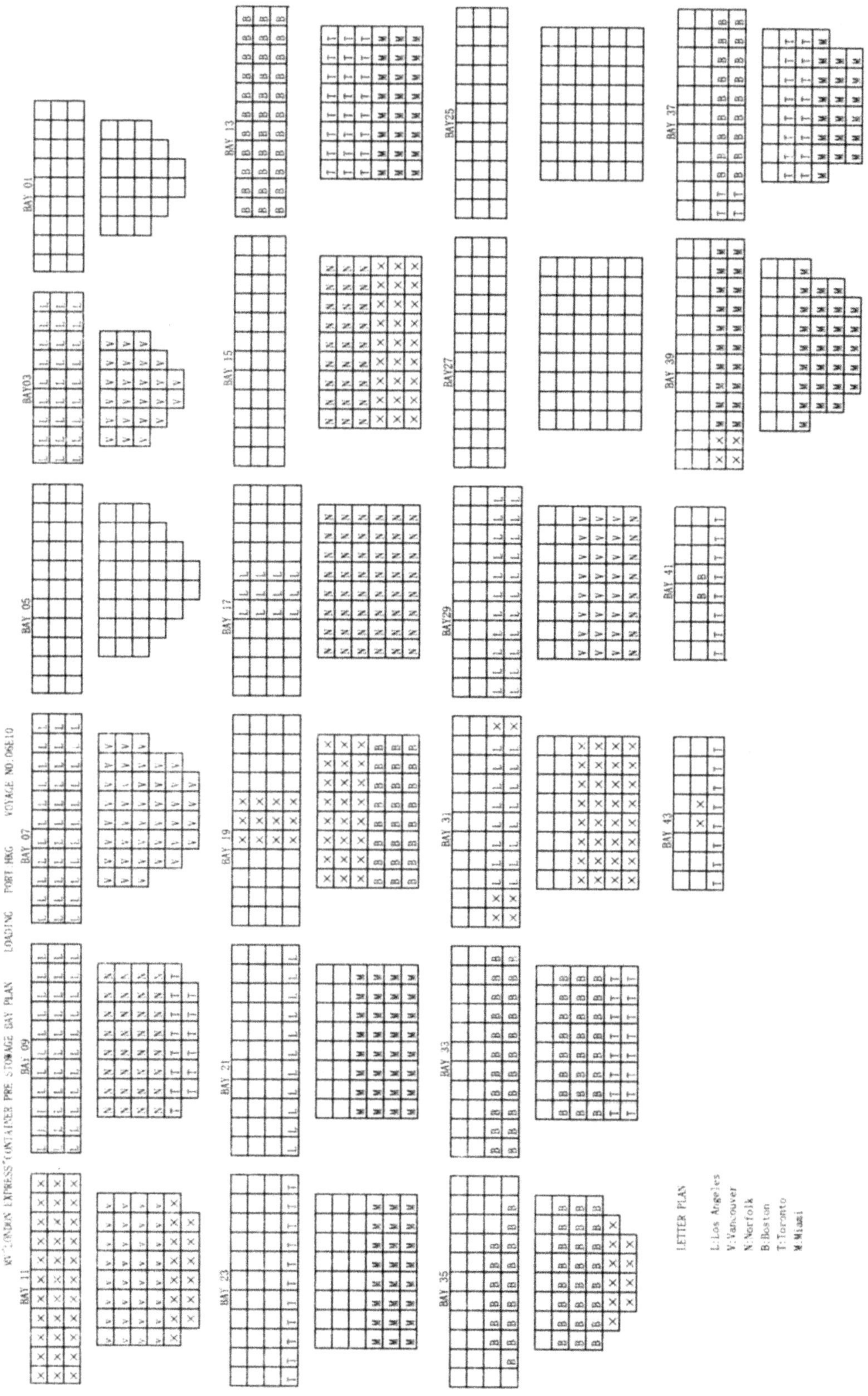

图 5-7 预配图中的卸货港图

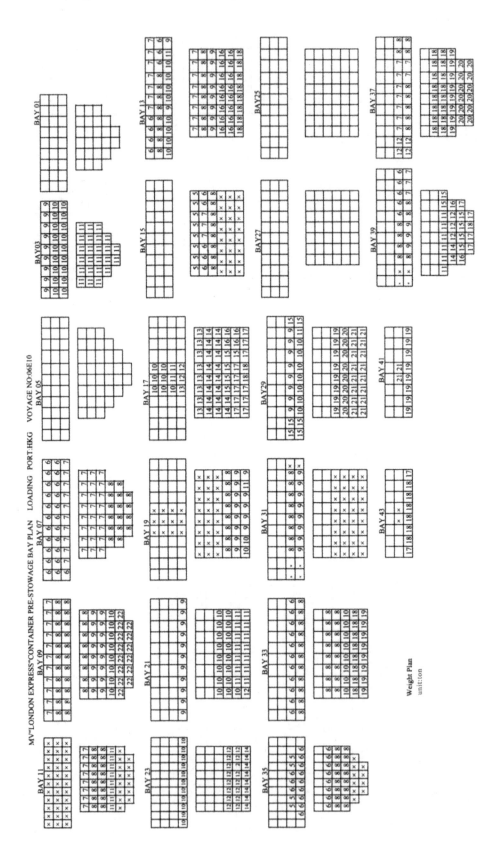

图 5-8 预配图中的重量图

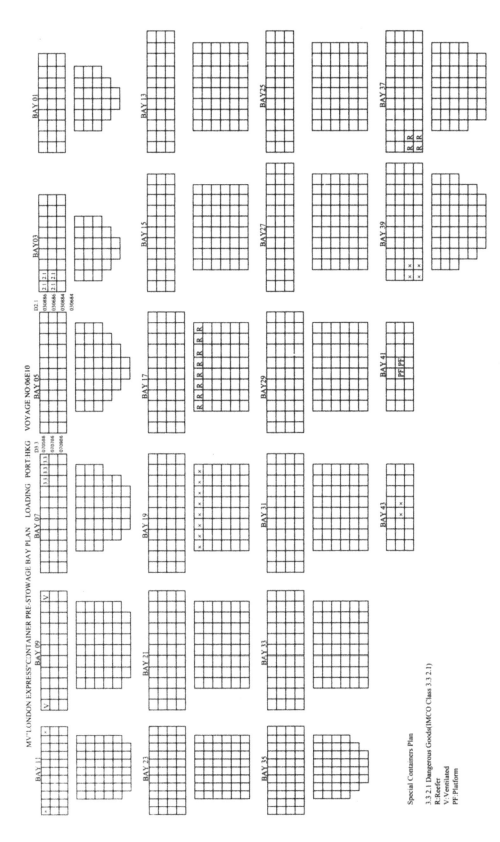

图 5-9 预配图中的特殊箱图

本节的预配图中出现了字母图、数字图，还有各种各样的颜色图和符号图，符号图中出现的各种符号更是五花八门、种类繁多，常见的符号如下：

      …

将卸货港图、预配图和重量图合并在一张图上的方法有很多，可以使用字母与字母结合来表示卸货港和特殊箱，例如用字母表示卸货港，冷藏箱可以在卸货港字母的右下角标注"R"；也可以使用字母与颜色配合来表示卸货港和特殊箱，先用不同颜色表示卸货港，再用不同字母表示特殊箱(这种方法是最常用的)；还可以使用字母与符号配合表示卸货港和特殊箱，例如用字母表示卸货港，危险品箱在箱格内，卸货港字母外围画一圆圈"○"，并在旁边注明危险等级，等等。

图 5-7 所示的卸货港图和图 5-9 所示的特殊箱图都使用了不同的字母来表示，图 5-8 的重量图使用了数字来表示，也可用不同颜色或不同的符号表示不同的含义，具体选择使用哪种方法没有特殊的规定，制图人员可以凭自己的习惯和偏好来选择，但不管使用什么方法，都要使做出来的图画面整洁、美观、清楚明了、容易识读。在实际工作中只要了解了制作船舶配积载图的常见规定和习惯，即可看懂船舶配积载图，也可制作船舶配积载图。

(二) 实配图

实配图(container terminal bay plan)是港口装卸公司收到预配图后，根据预配图和码头实际进箱情况编制而成，它将每个箱位上的箱子的具体情况详细描述出来，是码头现场操作的指导性文件，是码头装卸作业的依据。

实配图由两张图组成：一张是封面图；另一张是每一排位的行箱位图(BAY 位图)。

1. 封面图

封面图是经过港口审核的预配图，也就是预备图的改进版。例如从香港出发的、航次为 Voy. 06E10 的"London Express"集装箱船，其封面图如图 5-10 所示。

需注意的是，经过审核之后，实配图可能在原预配图的基础上有所改动。大家仔细观察就会发现，图 5-10 对原预配图进行了改动：原预配图中第 03 行甲板上的 4 个洛杉矶的危险等级为 2.1 的危险货物箱，在实配图中转到第 01 行，并增加了 1 个，变为 5 个，第 17 行舱内及第 38 行甲板上分别有 8 只、4 只冷藏箱。

2. 行箱位图

行箱位图(bay plan or hatch plan)反映每一行位的具体装箱情况，所以也称 BAY 位图，是码头现场作业的指导文件，也是船公司及船员的重要参考资料。

行箱位图具体内容如图 5-11 所示。该图每个箱格从上到下的 4 行含义如下：第 1 行表示卸货港三字代码和集装箱总重；第 2 行、第 3 行表示集装箱的箱号；第 4 行表示该集装箱在集装箱堆场的位置(方便拖车司机取箱)。

也有的行箱位图用第 2 行表示集装箱的箱号和核对数字；第 3 行表示集装箱总重量；第 4 行表示集装箱在船舶上的箱位号(第 1 行表示方法同上)。这也体现了本节前面提到的配积载图形式的多样性，不同的码头可能有不同的习惯与要求，虽然集装箱船舶的配积载图的形式可能不同，但实质是一样的。

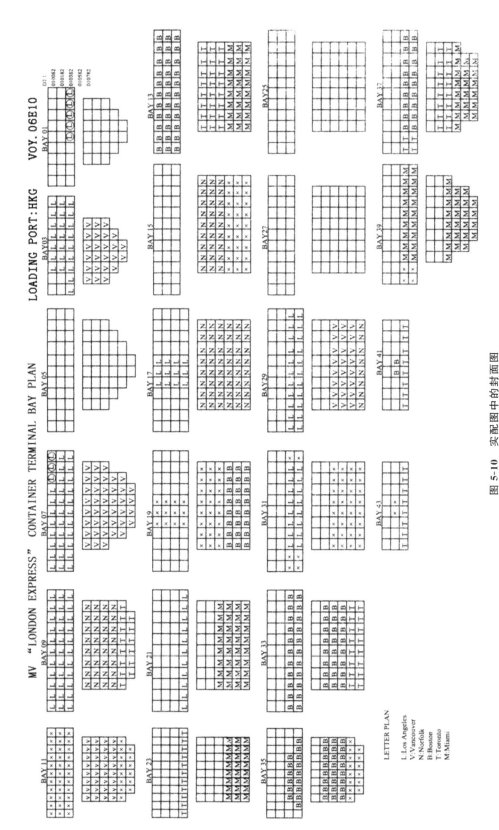

图 5-10 实配图中的封面图

BAY39(38)

TOR12.0 MAEU 6598723 K3001	TOR12.0 MAEU 4568750 K3002	MIA8.0 MAEU 6545677 K3003	MIA8.0 MAEU 6575642 K3004	MIA8.0 MAEU 4567723 K3005	MIA8.0 MAEU 7404723 K3006	MIA6.0 MAEU 4507623 K3007	MIA6.0 MAEU 6751254 K3008	MIA6.0 MAEU 0467448 K3009	MIA6.0 MAEU 7064344 K3010	MIA6.0 MAEU 0760443 K3011
TOR12.0 APLU 0726443 E0801	TOR12.0 APLU 3712367 E0802	MIA8.0 APLU 3820776 E0803	MIA9.0 APLU 6598723 E0804	MIA9.0 APLU 4047854 E0805	MIA9.0 APLU 6598723 E0806	MIA8.0 APLU 0786412 E0807	MIA8.0 APLU 4001464 E0808	MIA7.0 APLU 6486107 E0809	MIA7.0 APLU 7892045 E0810	MIA7.0 APLU 1067545 E0811

MIA11.0 CMAU 2546879 B1701	MIA11.0 CMAU 3698754 B1702	MIA11.0 CMAU 8754211 B1703	MIA11.0 CMAU 12345647 B1704	MIA11.0 CMAU 9635872 B1705	MIA11.0 CMAU 2689623 B1706	MIA15.0 CMAU 1236789 C1707	MIA15.0 CMAU 9632587 B1708
	MIA14.0 TOLU 0213459 C0201	MIA14.0 TOLU 0213459 C0202	MIA12.0 TOLU 0213459 C0203	MIA12.0 TOLU 0213459 C0204	MIA12.0 TOLU 0213459 C0205	MIA16.0 TOLU 0213459 C0206	
	MIA16.0 COSU 1597860 D2801	MIA15.0 COSU 8963542 D2802	MIA15.0 COSU 2034587 D2803	MIA15.0 COSU 8602157 D2804	MIA15.0 COSU 4567898 D2805	MIA17.0 COSU 6457891 D2806	
		MIA17.0 ICSU 0213645 E1701	MIA17.0 ICSU 1204576 E1702	MIA18.0 ICSU 2147853 E1703	MIA17.0 ICSU 0014752 E1704		

MIA：卸港美国迈阿密的IATA代码
16.0：该集装箱总重为16.0 t
TOLU：箱主代码
0213459：箱子顺序号和核对号
C0206：该箱在集装箱堆场上的箱位号

| MIA 16.0 |
| TOLU |
| 0213459 |
| C0206 |

图 5-11 实配图中的行箱位图

(三)最终积载图

最终积载图(final stowage bay plan)又称主积载图,由理货公司的理货员按集装箱船舶实际装箱情况编制而成,是集装箱船舶实际装卸情况的最终结果,也是计算集装箱船舶稳性、吃水差和纵向强度的依据。它由最终封面图、装船统计表和最终行箱位图三部分组成。

1. 最终封面图

把实配图中的封面图按照实际装卸情况改动即可成为最终封面图(final cover plan)。

2. 装船统计表

装船统计表(loading statistical form)如表 5-2 所示。表 5-2 是"London Express"号第 06E10 航次在香港(HKG)装船完毕后集装箱的统计数据,其中包含以下内容:装货港和卸货港、集装箱状态(重箱、空箱、冷藏箱和危险品箱及其他特殊箱等)、箱型(分 20 ft 和 40 ft)、数量和质量统计。

从表 5-2 中可见,由香港装船到各港的重箱,20 ft 有 614 个,质量总计 5 802 公吨,40 ft 有 163 个,质量总计 2 567 公吨;冷藏箱 20 ft 有 8 个,质量 104 公吨,40 ft 有 4 个,质量总计 48 公吨;危险货物箱均为 20 ft,有 8 个,质量总计 66 公吨。

表 5-2 伦敦快船号 06E10 航次在香港的装船统计表

POL \ POD		LAX		VAN		NOR		BOS		TOR		MIA		Total
		20 ft	40 ft	20 ft	40 ft	20 ft	40 ft	20 ft	40 ft	20 ft	40 ft	20 ft	40 ft	
H K G	Full	94 652.0	51 571.0	96 902.0	24 436.0	80 777.0	32 446.0	163 1 111.0	6 126.0	65 860.0	18 562.0	100 1 430.0	24 304.0	753 8 197.0
	Empty													
	Reefer					8 104.0					4 48.0			12 152.0
	Dangerous	8 66.0												8 66.0
	Platform									2 42.0				2 42.0
	Ventilated	2 14.0												2 14.0
	Total	102 718.0	53 585.0	96 902.0	24 436.0	88 881.0	32 466.0	163 1 111.0	8 168.0	65 860.0	22 608.0	100 1 430.0	24 304.0	

注:表中数据有两行,第一行为箱量(自然箱个数),第二行为总量(单位为公吨)。

3. 最终行箱位图

最终行箱位图(final hatch/bay plan)与实配图中的行箱位图内容基本相同,主要区别如下:一般会同时标注卸货港和装货港,卸货港在前,装货港在后(如 BOS×HKG 表示卸货港为波士顿,装货港为香港);若有特殊箱,必须注明(如板架箱用"F/R"表示,危险品箱用"IMCO"或"D"表示,并注明危险等级);标出箱子在船上的箱位号,不必标注箱子在装货港堆场的堆场号;超高和超宽必须注明,如超高(O/H,Over Height)箱在相应箱位的上方用"∧"表示(并标出其超高的高度),超宽(O/W,Over Width)箱要在箱位左方或右方用"＜"或"＞"表示(并注明其超宽的宽度);在图的右边标出层号及该层箱子的合计质量,如图 5-12 所示。

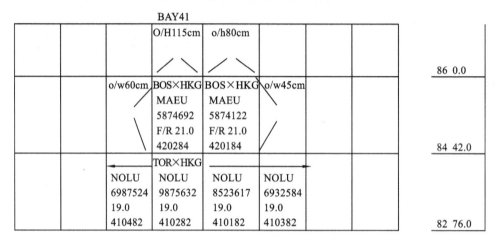

图 5-12 最终积载图中的行箱位图

实训练习

实训目标

掌握集装箱船舶的配积载的原则,熟悉集装箱船舶的配积载图的含义和特点,能够根据货运要求进行船舶配积载。

任务导入

已知顺风号全集装箱船的某两行的箱位分布(如图 5-13 所示),其中甲板上第 1 层和第 2 层为冷藏箱箱位,该集装箱船从广州起航,沿途依次挂靠香港(HKG)、上海(SHA)、神户(KOB),最后到达美国洛杉矶港(LAX)。该集装箱船的航次为 012SF,该集装箱船关于这一行的订舱摘要见表 5-3。

请为 012SF 航次顺风轮的这两行制定配积载计划。

(1) 画出预配图,包括卸货港图、重量图和特殊箱图。

(2) 然后利用不同的颜色和符号,把卸货港图、重量图和特殊箱图合并为一张预配图。

(3) 说出特殊集装箱的箱位号。

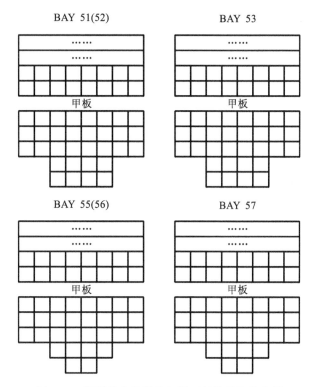

图 5-13 顺风号全集装箱船某两行的箱位分布图

表 5-3 顺风轮 012SF 航次订舱摘要

POL/POD	G.W. (TONS/PER UNIT)	QUANTITY		REMARK
		20 ft	40ft	
CAN/HKG	18		6	TYPE:P
CAN/SHA	17		8	TYPE:GP
	16		10	TYPE:GP,HQ(9.5 ft)
CAN/KOB	22		10	TYPE:R
	21	16		TYPE:R
	26		8	TYPE:B
	18	12		TYPE:GP
	20		8	TYPE:GP
CAN/LAX	20	28		TYPE:GP
	27		16	TYPE:GP
	25		16	TYPE:GP
	22		16	TYPE:GP

项目小结

本项目涉及知识点包括装箱船舶的配积载的原则、集装箱船舶的配积载图的含义和特点、集装箱船舶配积载的作业流程等,学生在掌握以上知识点的前提下,可以参考任务实例分析,进行集装箱配积载。

随着科技的不断进步,集装箱配积载技术也在不断地发展。最初,集装箱船舶配积载基本依靠卡片手工操作,现在,几乎全部的航运企业、港口企业都有自己的配积载软件,通过电脑操作完成集装箱船舶的配积载。不管是手工操作,还是电脑操作,集装箱配积载的原理和本质都是一样的,但是要熟练掌握集装箱配积载技术,还需要大量的实际操作和练习。

项目六
集装箱运输进口流程及港口操作

CONTAINER
TRANSPORT
PRACTICE

项目目标

(1) 掌握集装箱检验和清洗的步骤及操作方法。
(2) 掌握集装箱码头箱务管理和堆场规划的基本原则。
(3) 熟悉集装箱码头的布局和基本组织。
(4) 了解集装箱船公司的进口货运业务流程。
(5) 能够根据码头泊位、堆场、装卸桥安排、船舶信息、船期信息等制作泊位分配图。
(6) 能够根据港口实际情况进行堆场规划。

知识链接

在前几个项目中,我们介绍了集装箱运输的揽货、装箱、办理单证、装船等环节,本项目我们将根据集装箱运输的流程,继续介绍集装箱运输的进口及港口操作等环节。通过本项目的学习,希望大家能够对集装箱水路运输的全部流程有一个完整的认识。

货物运抵目的港后,一般情况下,收货人可凭提单或电放提货。

一、凭集装箱海运提单提货

(一) 集装箱海运提单的性质

集装箱海运提单是经营集装箱运输的船公司或其代理人在收到其承运的集装箱货物时签发给托运人的货物收据,也是承运人与托运人之间的运输契约证明。在法律上它具有"物权证书"的效用。

(二) 集装箱海运提单的作用

集装箱海运提单有如下几个作用。
(1) 集装箱海运提单的签发,表明承运人对其所承运的集装箱货物的责任开始履行。
(2) 集装箱海运提单对托运人起初步证据的作用,而对于收货人则起绝对证据的作用。
(3) 集装箱海运提单是收货人在目的港提取货物的唯一凭证。
(4) 集装箱海运提单是承运人与托运人之间订立货物运输合同的证明。
(5) 集装箱海运提单是代表集装箱货物所有权的凭证。

(三) 集装箱海运提单的内容

集装箱海运提单同普通海运提单一样,其内容可分为固定部分和可变部分。固定部分是指提单背面的运输条款;可变部分是指提单正面的内容。

提单正面的内容主要包括船名、装运港、目的港、托运人名称、收货人名称(如托运人指定收货人时)、被通知人名称、货物名称、集装箱封志号、箱号、货物标志、包装、件数、质量或体积、运费、提单正本份数、提单签发日期、承运人或船长签字等。

其反面内容是具体的运输条款,对有关承运人的责任、托运人的责任、索赔与诉讼等问题均有详细的规定。

（四）凭提单提货的程序

承运人将货物运抵目的港后，收货人必须交出一份经适当背书的正本提单（或者提货人本人就是提单中指定的收货人），并且应付清所有应付费用，然后才能在卸货港的船公司换取提货单，收货人持提货单经海关审核同意后，方能去指定地点提取货物。

二、电放提货

（一）电放的概念与操作

电放是指装货港货物装船后，承运人签发提单，托运人再将全套提单交回承运人，并在提单中指定收货人（或凭收货人指示），提出电放的书面申请（电放申请书见附录 M）；承运人以电信或传真等方式授权其在卸货港的代理人（电放通知书可参考附录 N），在收货人不出具提单的情况下，收货人可凭加盖本公司公章的提单复印件或其他身份证明提货。

进行电放操作时，船公司应与舱单核对被"电放"的货物内容，如果舱单显示是记名收货人，则应将货物交给该收货人，如果舱单显示收货人为"凭指示"，则在交付货物时必须要求提货人提供公司保函。

船公司根据托运人的要求通知卸货港代理"电放"，必须已经收取该票货物预付运费及其他装货港应支付费用；卸货港代理根据"电放"通知放货前，也必须收取该票货物的到付运费、其他舱单上载明在目的港支付的费用及承运人为货方垫付的费用。

无论何种情况，"电放"通知船公司都要求采用统一格式（参考附录 N），电放通知书必须有拟稿人和签发人的签字，并加盖电放章，应尽量避免未签发提单就进行"电放"，应按照正规流程签发提单，在收回正本提单后进行"电放"操作。

（二）电放的应用

电放最早应用于近洋出口货物中，近洋出口货物比如山东出口到日本的货物，一般两至三天货物就到目的港了，而提单从签发给客户，再由客户寄给国外收货人，需要一个星期到十天，这样算来，船和货物会早于提单到。进口商为了尽早提货，减少货物在港口的仓储费，会要求出电放提单。现在，很多进口商为了简化进口程序，都会提出电放的要求，船公司和货代公司的电放操作也越来越普遍。

三、缺乏正本提单时的提货程序

（一）指示提单下（to order B/L）

一般而言，船公司在卸货港代理接到提货方由于提单晚到或提单丢失而不凭正本提单提货的请求后，应要求提货方出示船公司提单正本/副本影印件、商业发票、商业合同和装箱单等单据，以审核提货方是否为收货人。如果提货方委托代理提货，还需要求提货人提供授权委托书原件，以便验明身份。

船公司卸货港代理向提货方提供船公司提货保函的标准格式，要求提货方按此格式出具保函，并要求一流银行（国内为各商业银行及其市级分行，国外为当地信誉良好的银行）在此保函上签字盖章（法人章、担保专用章并法人签字）。担保金额不能低于货物 CIF 价格的 50%，同时船公司将联系提单上的发货人，取得发货人同意在此情况下将该货物放给提货人的书面保证。

如提货方不能要求上述银行在标准格式保函上签字盖章,船公司应严格审核提货方提供的银行保函是否包括以下要件:船名、航次、提单号、件数、品名、唛头;赔偿并承担船公司及其雇员和代理因此承担的一切责任和遭受的一切损失;如船公司及其雇员和代理因此被起诉,保证提供足够的法律费用及免责等。

船公司在审核以上保函和数据正确无误后,经船公司内部相关人员或机构确认,可以申请无单放货。卸货港代理审核提货方身份和保函的有效性后,凭提货方提供的经背书的船公司提单正本/副本影印件和保函正本签发提货单,并将有关文件登记存档,存档期限至少为两年,以方便日后查阅。在提单晚到的情况下,提货方将全套正本提单交回后,可将保函退还给提货人。

如在提单丢失的情况下,一般无限期保留保函。

(二) 在记名提单下(straight B/L)

在记名提单下,船公司一般接受收货人的公司保函,但是一般必须在取得发货人同意放货的书面保证后放货。承运人也可以接受收货人提供的支票或现金担保后放货。

任务一 集装箱船公司进口货运业务

任务引导

在集装箱运输过程中,参与各方都会涉及集装箱交接问题,而集装箱交接虽是日常工作,重要性却非常高,对于船公司和码头来说,集装箱交接尤为重要。

如何妥善交接,明确双方的权利和责任,避免纠纷,是集装箱交接顺利进行的保障。本任务将探讨集装箱交接的问题。

任务引入

小王是某集装箱船公司的验箱和洗箱主管,每天都有很多客户来提取堆场的集装箱,也有很多客户归还集装箱。在多年的验箱和洗箱工作中,小王积累了丰富的工作经验,为了给新入职的员工一个工作指导,请帮小王起草一个集装箱检验和清洗的工作规范。

任务分析

本任务非常明确,就是写出集装箱检验和清洗等工作细则和注意事项。

【相关知识点】

集装箱船公司的进口货运业务大致可分为以下几个步骤。

一、接受各装船港寄送的单据,做好卸船预备工作

由于集装箱船舶要求在最短的时间内卸完集装箱,因此,没有一个完整的卸船计划,集装箱

船就有可能停靠在码头,影响其他船舶装卸,使码头工作陷入混乱,延迟对收货人的交货,从而在一定程度上削弱了集装箱运输能缩短装卸作业时间和提高船舶周转率的优越性。因此,在集装箱班轮公司的实际操作中,在船舶从最后装船港开出后,船公司相关部门即着手制订船舶预计到港的计划,并从装船港代理那里得到有关货运单证。与此同时,与港方、收货人、海关和其他有关部门尽早取得联系,在船舶靠泊后,尽快将集装箱卸下,并办理海关手续,做好交货预备工作。

从装船港代理取得的主要单证有以下几种。

1. 提单副本或码头收据副本

提单副本或码头收据副本是作为船公司在目的港制定船舶预计到港通知书、交货通知书、交货凭证、货物舱单、动植物清单,以及答复收货人有关货物方面的各种询问的依据。

2. 积载图

积载图是船公司作为目的港编制集装箱卸船计划、堆场计划、交货计划,以及有关集装箱、机械设备的保管、治理的资料。

3. 集装箱装箱单

集装箱装箱单是船公司在目的港作为办理保税内陆运输,以及办理货物从码头堆场运出手续,并作为集装箱货运站办理掏箱、分类及交货的依据。

4. 集装箱号码单

集装箱号码单是作为船公司在目的港向海关办理集装箱暂时进口手续、设备治理的依据,以及作为与其他单据核对时所用。

5. 装船货物残损报告

装船货物残损报告是船公司在目的港卸船后,向有关责任方提出索赔的依据,是货损事故处理中的主要单证之一。

6. 非凡货物表

非凡货物表是船公司向海关和有关方面办理危险品申报,以及冷藏货物、活牲畜等非凡货物交货的单据。

二、船舶到港前的资料准备及电脑初步录入工作

船舶到港前,收到船公司或其船代、公共代理寄送的有关单据及放货特别指示(如有)等有关资料后,建立相应的船舶航次档案,初步审核相关资料,如根据海关要求审核舱单上每票货的中文货名、收货人、质量、件数等;同时预报船舶动态,在船舶到港前10天、7天、5天、3天、1天,向进口舱单的收货人或通知人发送"船期预报",并向收货人确认舱单内容是否正确,并根据客户确认的舱单传真件预录入电脑,在业务电脑系统上输入舱单的各项内容,输入时注意提单号、收货人、卸货港、存货地、中文货名、规格型号(如有)、件数、毛重、体积、箱号等的准确性。

对于船舶到港前收到的船公司或其船代、公共代理等有关修改进口舱单的函电指示,在电脑系统上作相应更改,对于需要和第三方确认货物状态的有关更改卸货港、目的地等的货物,确认后反馈给装运港船代或其他箱管部门。

对于船公司有特别放货指示的,按照船公司的有关扣货通知进行处理。

(1)收到扣货通知后,应在台账和该票二程提单正反面盖"暂不放货"专用章和登记时间,

并通知货主货已到,但暂不放货。

(2) 接到放货通知后,立即在台账和提单正反面加盖"可以放货"专用章并登记时间、签名,同时通知货主办理提货。

(3) 放货通知和其他进口资料一并归档。

由于出具正本提单或海运单时,在收货人付清到付应付款项并提交提单等有效凭证时,集装箱班轮船公司无理由扣货风险较高,所以在实际业务中使用很少。

三、制作并寄送有关单据

船公司或其他代理公司在收到装船港寄来的单据并完成有关核对后,应马上制作下述有关单据并寄送有关方。

1. 船舶预计到港通知书

船舶预计到港通知书是向提单副本所记载的收货人或通知方寄送的单据,其内容和提单大致相同,除货物情况外,还记载该船预计抵港日期。一般情况下,船公司没有给收货人"船舶预计到港通知书"的义务,也就是说可以不送。但在集装箱运输下,为了能使码头堆场顺利地进行工作,防止货物积压,使集装箱有效地利用而不发生闲置,加速周转,则有必要将货物预计到达的日期通知收货人,让收货人在船舶抵港前做好收货预备工作,等集装箱货物一从船上卸下后即可提走。

2. 到货通知书

到货通知书是货物具体交付日期的通知,是在确定了船舶抵港日期和时间,并且决定了集装箱的卸船计划和时间后,船公司或其代理人把货物的交付时间通知收货人的单据。到货通知书一般先用电话通知,然后寄送书面通知,以防止出现不必要的纠纷。

3. 货物舱单

货物舱单是作为船公司在目的港向海关申请批准卸货之用。

四、卸船与交货

集装箱的卸船与交货计划一般由码头堆场按卸船计划进行,卸下的集装箱按堆存计划堆放或转到集装箱货运站,船公司或船代应随时与集装箱码头装卸部门联系。在实际业务中,有时会碰到收货人在接到船公司寄送的船舶预计到港通知后,提出在他方便的时间提货。对收货人的这一要求,船公司应转告集装箱码头堆场,在交货时尽可能满足收货人的要求。

五、提货单的签发

集装箱船公司或代理根据收货人出具的到货通知书、正本提单,并在结清到付运费和其他费用后,签发提货单。在签发提货单时,首先要核对正本提单签发人的签署,签发提单的日期,提单背书的连贯性,判定提单持有人是否正当,然后再发给提货单。在实际业务中,提单审核必须特别注意以下几点。

(1) 确认船公司对该票货物是否有扣货指示,如有,则及时协助收货人与船公司联系协助解决放货问题。

(2) 提单内容与舱单中该票货的有关内容是否一致。

（3）提单是否为船公司正本海运提单,如船公司或其代理提供的有关单证资料中有签发提单复印传真件的,要将收货人出示的正本提单与提单复印传真件核对,以确认其真实性。

（4）对于指示提单需审核背书是否连贯、完整。

（5）海运费等费用是否到付,如是,则根据船公司的指示收取运费或其他费用。

（6）对于记名提单,由该收货人加盖公章背书、签名并填写身份证号码,第一次提货需留身份证复印件;如收货人公司的公章不便外带,需用其他印章代替公章背书的授权委托书,并用授权的其他印章背书。

（7）对于指示提单（"CONSINEE"一栏为 TO ORDER）,需有发货人和收货人同时背书。

（8）如果"CONSINEE"一栏为"TO ORDER OF×××",则必须有×××的背书,最后提货人的公章背书须和船公司签发的提货单收货人一致。

提单审核无误后,签发提货单,同时收回正本提单。提货单应具有提单所记载的内容,如船名、交货地点、集装箱号码、铅封号、货物名称、收货人等交货所必须具备的项目。在到付运费和未付清其他有关费用情况下,则应收讫后再签发提货单。在正本提单尚未到达,而收货人要求提货时,可采用与有关银行共同向船公司出具担保书的办法,在担保书内应保证以下内容。

（1）正本提单一到,收货人应立即交船公司或其代理人。

（2）由于没有凭正本提单下发生的提货,对船公司由此而遭受的任何损失,收货人应负一切责任。

回收正本提单时,要求提货人在正本提单背面加盖公章或该公司的授权章（需有授权证明书备案）、提货人签名、身份证号码及提货日期。分以下几种情况,收回正本提单,并在收回的正本提单上签字或盖核销章。

（1）一般情况下,收回三份正本中的一份即可,在特殊情况下按船公司要求收回全套正本提单,才可签发提货单。

（2）对于改港货物,必须收回全套正本海运提单。

（3）对于转船货物,能否接受收货人出具的全程海运提单,需依据舱单上的注明或船东书面提示。

六、归档

待航次所有进口货签发提货单完毕后,将进口业务的有关单证,包括正本进口舱单、提货单留底联、有效背书的正本提单、头程正本提单（如有）等,连同与该票货有关的往来电函等一并归入航次档案,并在档案封面上登记有关的归档资料名。

实训练习

实训目标

认识集装箱,熟悉集装箱上各主要部件名称及作用,了解集装箱外观标记的含义,能够根据实际情况检验集装箱。

任务导入

老师带领学生实地参观集装箱码头堆场或集装箱货运站,学生指出集装箱上各主要部件名称及作用,说出集装箱上各外观标记的含义,根据实际情况检验集装箱,判断其是否符合使用要求。

任务二　港口泊位规划

随着集装箱船舶的大型化,300～400 m 长的集装箱船已经成为主流,如何让这些庞然大物顺利进港、停靠、出港,已经成为码头的重要工作,除了配备专业的引水导航员以外,科学的船舶停靠规划也是必不可少的。

某集装箱码头的岸线长度为 660 m,分布有 2 个泊位,每个泊位长度 330 m,该码头配备 10 台装卸桥,装卸桥效率为每台每小时 40 TEU,本周的船舶靠泊安排如下。

5 月 18 日,HANJIN BASEL 轮靠泊,HANJIN BASEL 轮船长 280 m,原定靠泊时间安排是 3:00 到锚地,4:00 靠泊码头,5:00 开始装卸作业,作业量如下:装 20 ft 集装箱 2 200 个,卸 20 ft 集装箱 1 600 个,计划用 4 台装卸桥同时对其进行作业。

5 月 18 日,HANJIN CHICAGO 轮靠泊,HANJIN CHICAGO 船长 290 m,原定靠泊时间安排是 12:00 到锚地,13:00 靠泊码头,14:00 开始装卸作业,作业量如下:装 20 ft 集装箱 2 400 个,卸 20 ft 集装箱 1 700 个,计划用 5 台装卸桥同时对其进行作业。

5 月 19 日,TIAN LI HE 轮靠泊,TIAN LI HE 船长 260 m,原定靠泊时间安排是 6:00 到锚地,7:00 靠泊码头,8:00 开始装卸作业,作业量如下:装 20 ft 集装箱 2 100 个,卸 20 ft 集装箱 1 500 个,计划用 4 台装卸桥同时对其进行作业。

5 月 19 日,SAN FRANCISCO BRIDGE 靠泊,SAN FRANCISCO BRIDGE 船长 270 m,原定靠泊时间安排是 11:00 到锚地,12:00 靠泊码头,13:00 开始装卸作业,作业量如下:装 20 ft 集装箱 2 600 个,卸 20 ft 集装箱 1 100 个,船长希望在靠泊码头后 16 h 内完成全部作业并离开码头,是否能够实现?

5 月 20 日,DS ABILITY 轮靠泊,DS ABILITY 船长 280 m,原定靠泊时间安排是 8:00 到锚地,9:00 靠泊码头,10:00 开始装卸作业,作业量如下:装 20 ft 集装箱 2 500 个,卸 20 ft 集装箱 1 000 个,计划用 4 台装卸桥同时对其进行作业。

5 月 20 日,AS SAVONIA 轮靠泊,AS SAVONIA 船长 260 m,原定靠泊时间安排是 20:00 到锚地,21:00 靠泊码头,22:00 开始装卸作业,作业量如下:装 20 ft 集装箱 2 800 个,卸 20 ft 集装箱 1 050 个,船长希望在靠泊码头后 20 h 内完成全部作业并离开码头,是否能够实现?

已知两艘以上的船相邻停靠时,两船之间的最小间隔距离为较长船的船长的 10%,请完成该码头的泊位规划,并制作本周的泊位分配规划图,要求在泊位分配规划图中标出船名、船长、预计到达时间、预计出发时间、卸箱量、装箱量等信息。

现在的集装箱码头一般都有完善的计算机生产管理系统,泊位策划可通过港口的计算机生产管理系统完成,本任务为简易版的泊位规划,也就是把计算机生产管理系统中泊位规划的核心内容提炼出来,通过 Office 文档或手绘图的形式,表示集装箱船在码头的靠泊过程,完成集装箱码头的泊位规划。

在船舶靠泊计划图中,可模仿码头软件,以 X 轴表示码头岸线长度,Y 轴表示时间,用某集装箱船在码头岸线占用的长度和计划靠泊时间组成的矩形图表示该集装箱船在码头的靠泊计划。

【相关知识点】

一、集装箱码头的特点和基本要求

(一) 集装箱码头的特点

集装箱运输是一种高效率、大规模和现代化的生产方式,作为在集装箱运输中重要一环的集装箱码头具有以下几个明显的特点。

1. 码头作业的机械化、高效化

现代集装箱码头无论是岸边装卸、水平搬运,还是堆场作业,均已全部实现机械化,采用大型先进的集装箱专用装卸设备,可以快速、高效、连续的作业。

在港口的各项设备中,桥吊是核心装卸设备,其作业能力决定着一个码头的集装箱吞吐能力。早在 2007 年 1 月 3 日,在世界集装箱协会官员的监督下,上海洋山深水港诞生了一项最新的集装箱装卸纪录,"马士基伊迪丝"轮 7 个小时装卸 6 000 TEU,每小时 850.52 自然箱,桥吊单机效率每小时 123.16 自然箱。2010 年,中远集团获得了希腊比雷埃夫斯港的集装箱码头特许经营权后,将该港口的装卸速度由原来的每小时每个桥吊 6 个自然箱提高到 39 个自然箱,超过了欧洲的平均装卸水平。

2. 码头生产管理的计算机化、信息化

随着计算机技术和通信技术的快速发展,集装箱码头在生产作业管理中大多已实现计算机管理。采用先进的计算机生产管理系统,对集装箱码头各项生产作业管理进行有效地组织、计划、指挥、控制,大大提高了作业效率,避免了复杂和重复的人工作业。

3. 码头设施的大型化、深水化

随着集装箱船舶的大型化,集装箱码头尤其是大型集装箱码头纷纷改建、扩建和新建泊位,接纳更大的集装箱船舶来港作业。目前拥有 14 m 及以上深水泊位的集装箱码头有香港、新加坡、高雄、釜山、鹿特丹、洛杉矶、广州、深圳、上海、宁波等,均能接纳 5 000 TEU 以上的集装箱船,很多港口还在建设 20 m 以上的超级深水码头。

码头资源比较

广州黄埔老港的进港航道全长 115 km,其中伶仃航道长 45 km,宽 160 m,深 8.6 m;莲花山航道长 9 km,宽 140 m,深 9.0 m;大濠洲航道长 4 km,宽 120 m,深 8.5 m。

深圳赤湾凯丰码头 2001 年建设完毕后,航道和回旋水域长 2.7 km,宽约 200 m,深 14.1 m。

试比较两个码头的资源。

(二) 集装箱码头的基本要求

1. 船舶安全进出港的水域和方便装卸的泊位

水域包括航道、调头区、锚地等,水域不仅要求有足够的水深,同时还要求有足够的宽度,以供集装箱船安全进出港。

通常 3 000~4 000 TEU 集装箱船的吃水至少为 12.5 m,5 000 TEU 以上集装箱船吃水至少为 14 m;3 000~4 000 TEU 船舶要求的泊位长度至少 300 m,5 000 TEU 以上的集装箱船的标准泊位长度至少为 350 m。

2. 具有一定数量和技术性能良好的集装箱专用机械设备

目前国内的大多数港口采用集装箱装卸桥、龙门吊配合集装箱拖车的装卸工艺系统,这种装卸工艺系统的特点如下:由集装箱装卸桥承担岸边船舶的集装箱装卸,由集装箱牵引车承担整个港口的集装箱水平搬运,由轨道式龙门吊承担堆场集装箱的堆取和搬运。

3. 具有宽敞的堆场和堆场设施

堆场占有集装箱码头主要面积,这是因为堆场在码头中具有十分重要的作用,不仅供出口集装箱暂时堆存,以便发货人报关和码头配载后装船出运;还供进口集装箱暂时堆放,以便收货人保管提运;此外,堆场也是对所有进入码头的集装箱进行调度管理的作业场所。

堆场作业必要的作业区域和设备设施包括集装箱牵引车道区域、龙门吊行走路线区域、夜间作业的照明设施、冷藏箱的供电系统堆箱区域、危险品箱堆箱区域和喷淋降湿设备、洗箱熏箱的相关区域、排污系统设施等。

4. 具备必要的装拆箱设备和能力

目前,我国集装箱运输中绝大部分采用 CY-CY 交接方式,这使得码头的装拆箱功能被弱化;但由于运输服务的多样化和国际商品的小批量、多品种化,有些货主要求码头代为装拆箱,因此,码头应保留必要的装拆箱的能力,以满足集装箱市场的要求。

5. 具有完善的计算机生产管理系统

集装箱码头作业特点是机械化、高效化、规模化,必须配备与之相适应的完善的计算机生产管理系统,采用先进的管理方法,才能为货主和船公司提供良好的服务。国内外很多大码头甚至自己研发一套计算机生产管理系统,仅供自己使用。

6. 具有通畅的集疏运条件

在集装箱运输中,码头处于重要节点的位置。因此,码头除在码头内实行有效的管理手段,也必须通过公路、铁路、内河、航空等与内陆各处的网点连接起来,将大量卸下的集装箱运送到目的地,把内陆的集装箱汇集到码头。

7. 具有现代化集装箱运输专业人才

人是生产力中最活跃、最具决定性影响的因素,对现代化集装箱码头更是如此。先进的管理模式和管理手段、高效的集装箱专用机械和设备、科学的作业程序和方法,无一不需要与之相应的现代化集装箱运输专业人才。

二、集装箱码头的布局和基本组织

集装箱码头是以高度机械化和大规模生产方式作业的,要求有很高的生产作业效率。因此集装箱码头的布局与传统的件杂货码头有着根本的不同,即要求集装箱码头的布局以船舶作业为核心,将码头与船舶有机地连接在一起,从而实现高效的、有条不紊的连续作业。

(一)泊位

泊位是供给船舶停靠作业的场所,其建造因地质和水深的需要,有顺岸式、突堤式、栈桥式、墩式、岛式等。其中顺岸式是最常见的,其优点是建造成本相对较低,从岸线到堆场距离较近,装卸作业也较方便;对多个泊位的码头来说,还可以因装卸位置的不同,在泊位间移动装卸桥。

集装箱码头泊位不仅要有水深和岸线长度,还应设置系揽桩和碰垫等,泊位的结构包括前沿、堆场等。

1. 前沿

前沿是指泊位岸线至堆场的这部分区域,主要供布置装卸桥及其轨道和集装箱牵引车通道。前沿通道宽度由以下三个部分组成。

1)从岸线至第一条轨道

这部分的场地主要供船舶系解揽作业,放置舷梯,设置装卸桥供电系统,设置船舶供水系统及照明系统,其宽度为 2~3 m。

2)卸装桥轨距

这部分主要用于安装集装箱装卸桥和布置集装箱牵引车的车道,轨距视装卸桥的大小而定,一般为 15~30 m。轨距内的车道视装卸工艺而定,底盘车工艺和龙门吊工艺每车道宽 3.5 m(2.5 m 车宽和 1 m 余量),由于装卸桥在结构上有一部分空出在轨距之间,故 16 m 轨距可布置 3 条车道,30 m 轨距可布置 7 条车道。

3)第二根轨道至堆场的距离

这部分面积是装卸时辅助作业和车辆 90°转弯时进入堆场之用,其宽度为 10~25 m。

2. 堆场

堆场是集装箱码头堆放集装箱的场地。为提高码头作业效率,堆场又可分为前方堆场和后方堆场。

1)前方堆场

前方堆场位于码头前沿与后方之间,主要是用于出口集装箱或进口集装箱的临时堆放,从泊位看,其面积应能堆放该泊位最大船载箱量的两倍。

2)后方堆场

后方堆场紧靠前方堆场,是码头堆放集装箱的主要部分,用于堆放和保管各种重箱和空箱。

按箱务管理和堆场作业要求,后方堆场通常还进一步分为重箱区和空箱区、冷藏箱区、特种箱区及危险品箱区等。

堆场内的箱子不管是重箱或是空箱均不能久存。国内外很多港口一般提供一周的免费堆存期,免费期内不提货,码头将收取堆存费;收费期内不提货,码头将把集装箱转移到其他地方。

(二)控制室

控制室又称中心控制室,简称"中控",是集装箱码头各项生产作业的中枢,集指挥、监督、协调、控制于一体,是集装箱码头独有的重要部门。

由于现代集装箱码头多用计算机作业系统进行管理,控制室的计算机与各部门、各作业现场及各集装箱搬运机械的计算机终端通过有线或无线连接,成为码头各项作业信息的汇集和处理中心。

(三)检查口

检查口俗称"道口",是公路集装箱进出码头的必经之处,也是划分对集装箱责任的分界点,同时还是处理进出口集装箱有关业务的重要部分。

检查口的职责包括箱体检验与交接、单证的审核与签发签收、进箱和提箱的堆场位置确定、进出码头集装箱的信息记录等。

(四)集装箱货运站

集装箱货运站主要用于装拆箱。作为码头的辅助功能,货运站通常设于码头后方。

(五)维修车间

维修车间是集装箱码头对专用机械及集装箱进行检修和保养的部门。由于集装箱码头的特点,保持专用机械处于良好的状态是十分必要的。

三、泊位策划

泊位策划的目的有以下两点。

(1)通知有关各方做好接船准备。

(2)受船舶本身及码头等客观条件限制,确定船舶在码头的确切停泊位置对于码头的正常运营和集装箱装卸意义重大。

泊位策划的主要工作有以下三个方面。

(1)收集、整理与录入码头泊位、船舶信息、船期信息等。

(2)制作泊位分配图(B. A Map)。

(3)与相关部门的沟通工作。

泊位策划的日常工作有以下几个方面。

(1)与船公司联系,提高服务水平。

(2)与引水站、轮驳公司联系,保证船舶顺利抵港。

(3)协助船代办理船舶进出口手续。

(4)统筹管理船公司资料。

(5)掌握码头装卸桥的维修保养情况。

(6)通知边检、拖轮公司、海关、外代等单位,确认船舶到港时间。

(7) 船期变更时,应作相应的通知。
(8) 编写"泊桥报告"。
制作泊位分配图的依据主要有以下几点。
(1) 船公司的船期表。
(2) 码头泊位分布图。
(3) 收箱及出口箱在堆场的分布情况。
(4) 装卸桥的维修保养安排。
泊位分配图的内容有以下几点。
(1) 标题。
(2) 需传送的单位和部门。
(3) 制作日期与时间。
(4) 码头现有泊位分布情况。
(5) 当日及未来5天的船舶到港情况(可根据船期查到相关信息)。
(6) 注明装卸桥的需求数及维修保养时间。
泊位分配图的制作方法如下。
(1) 根据挂靠码头船公司的船期表,查找船舶到港情况(ETA、ETD)。
(2) 如有危险品集装箱,检查是否有"船舶载运危险货物申报单"。
(3) 决定船舶的停靠泊位。
(4) 注意相邻船舶的安全距离。
(5) 注明装卸桥的维修保养安排。
(6) 图形美观、层次感强、方便阅读。

【本节任务分析】

步骤1 根据各集装箱船的装卸任务计算离港时间
HANJIN BASEL

装卸时间 $= \dfrac{2\,200 + 1\,600}{4 \times 40}$ h $= 23.75$ h,预计出发时间为 $5:00 + 23.75$ h,即5月19日4:45。

HANJIN CHICAGO

装卸时间 $= \dfrac{2\,400 + 1\,700}{5 \times 40}$ h $= 20.5$ h,预计出发时间为 $14:00 + 20.5$ h,即5月19日10:30。

HANJIN CHICAGO 与之前停靠的 HANJIN BASEL 之间的距离至少为29 m。

TIAN LI HE

装卸时间 $= \dfrac{2\,100 + 1\,500}{4 \times 40}$ h $= 22.5$ h,预计出发时间为 $8:00 + 22.5$ h,即5月20日6:30。

SAN FRANCISCO BRIDGE

还剩下6个装卸桥,全部使用,装卸时间 $= \dfrac{2\,600 + 1\,100}{6 \times 40}$ h $= 15.42$ h,所以船长的希望无法实现,预计出发时间为 $13:00 + 15.42$ h,即5月20日4:25。SAN FRANCISCO BRIDGE 与之前停靠的 TIAN LI HE 之间的距离至少为27 m。

DS ABILITY

装卸时间 = $\frac{2\,500+1\,000}{4\times 40}$ h = 21.875 h，预计出发时间为 10:00+21.875 h，即 5 月 21 日 7:53。

AS SAVONIA

还剩下 6 个装卸桥，全部使用，装卸时间 =  $\frac{2\,800+1\,050}{6\times 40}$ h = 16.04 h，船长的希望能够实现，预计出发时间为 22:00+16.04 h，即 5 月 21 日 14:03。AS SAVONIA 与之前停靠的 DS ABILITY 的距离至少为 28 m。

步骤 2　绘制泊位分配图

根据步骤 1 所计算的离港时间，泊位分配图如图 6-1 所示。

实训练习

实训目标

熟悉集装箱码头的布局和基本组织，能够根据码头泊位、装卸桥安排、船舶信息、船期信息等制作泊位分配图。

任务导入

某集装箱码头的岸线长度为 1 130 m，分布有 3 个泊位，每个泊位最多允许 6 个装卸桥同时作业，第 1 个泊位长 330 m，第 2、3 个泊位长 400 m，该码头配备 15 台装卸桥，装卸桥效率为每台每小时 40 TEU，每天安排 1 台装卸桥维护保养，本周的船舶靠泊安排如下。

11 月 1 日，OOCL Atlanta 轮靠泊，OOCL Atlanta 轮船长 350 m，根据船期表 6:00 到锚地，作业量如下：装 20 ft 集装箱 2 600 个，卸 20 ft 集装箱 1 600 个。

11 月 1 日，CSCL STAR 轮靠泊，CSCL STAR 船长 290 m，根据船期表 9:00 到锚地，作业量如下：装 20 ft 集装箱 2 300 个，卸 20 ft 集装箱 1 500 个。

11 月 1 日，Adrian Maersk 轮靠泊，Adrian Maersk 船长 310 m，根据船期表 11:00 到锚地，作业量如下：装 20 ft 集装箱 2 100 个，卸 20 ft 集装箱 1 500 个，船长希望在靠泊码头后 20 h 内完成全部作业并离开码头，是否能够实现？

11 月 2 日，OOCL Qingdao 靠泊，OOCL Qingdao 船长 310 m，根据船期表 9:00 到锚地，作业量如下：装 20 ft 集装箱 2 800 个，卸 20 ft 集装箱 1 100 个，船长希望在靠泊码头后 20 h 内完成全部作业并离开码头，是否能够实现？

11 月 2 日，CSCL VENUS 轮靠泊，CSCL VENUS 船长 260 m，根据船期表 12:00 到锚地，作业量如下：装 20 ft 集装箱 1 900 个，卸 20 ft 集装箱 1 000 个。

11 月 2 日，Columbine Maersk 轮靠泊，Columbine Maersk 船长 340 m，根据船期表 14:00 到锚地，作业量如下：装 20 ft 集装箱 3 000 个，卸 20 ft 集装箱 1 500 个，船长希望在靠泊码头后 20 h 内完成全部作业并离开码头，是否能够实现？

11 月 3 日，OOCL Seoul 靠泊，OOCL Seoul 船长 270 m，根据船期表 18:00 到锚地，作业量如下：装 20 ft 集装箱 2 100 个，卸 20 ft 集装箱 500 个。

11 月 3 日，CSCL MERCURY 轮靠泊，CSCL MERCURY 船长 280 m，根据船期表 19:00

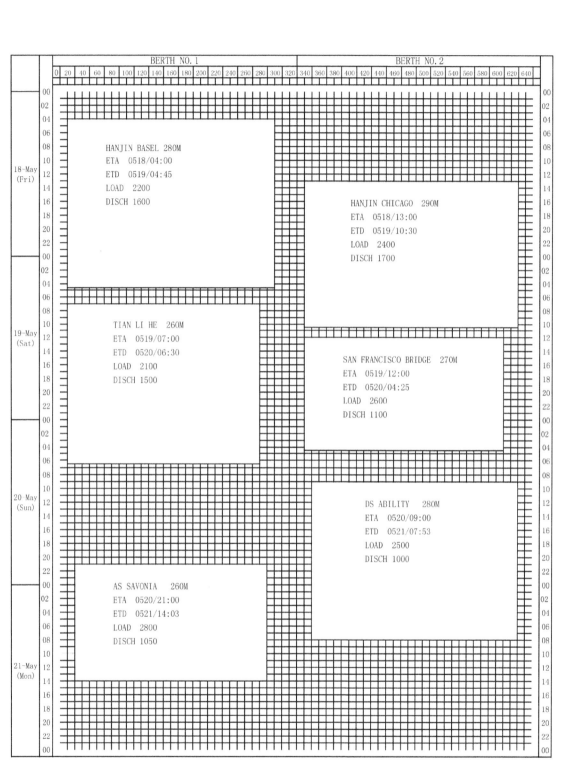

图 6-1 BERTHING SCHEDULE

到锚地,作业量如下:装 20 ft 集装箱 2 000 个,卸 20 ft 集装箱 1 000 个。

11 月 3 日,Clifford Maersk 轮靠泊,Clifford Maersk 船长 260 m,根据船期表 22:00 到锚地,作业量如下:装 20 ft 集装箱 2 300 个,卸 20 ft 集装箱 1 200 个。

11 月 4 日,OOCL Southampton 靠泊,OOCL Southampton 船长 290 m,根据船期表 9:00 到锚地,作业量如下:装 20 ft 集装箱 2 700 个,卸 20 ft 集装箱 1 600 个。

11 月 4 日,CSCL SATURN 轮靠泊,CSCL SATURN 船长 350 m,根据船期表 10:30 到锚地,作业量如下:装 20 ft 集装箱 3 100 个,卸 20 ft 集装箱 2 000 个。

11 月 4 日,Eleonora Maersk 轮靠泊,Eleonora Maersk 船长 260 m,根据船期表 13:00 到锚地,作业量如下:装 20 ft 集装箱 2 600 个,卸 20 ft 集装箱 900 个。

已知船舶到锚地后,入港靠泊需要 1 h,靠泊后审查随船文件、制订装卸计划需要 1 h,两艘以上的船相邻停靠时,两船之间的最小间隔距离为较长船的船长的 10%,请为每个停靠的船舶安排装卸桥,完成泊位规划,并制作本周的泊位分配图,要求在泊位分配图中标出船名、船长、预计到达时间、预计出发时间、卸箱量、装箱量等信息。

已知装卸桥数量:拖车数量为 1∶6,装卸桥数量:龙门吊数量为 1∶3,该港口的工人分三班轮流工作,本周由 A 班工人上早班,工作时间为 8:00—16:00,B 班工人上中班,工作时间为 16:00—00:00,C 班工人上晚班,工作时间为 00:00—8:00,三个班组的工人都是计件工资。请根据泊位分配图安排每天每班工人的数量,并计算 A、B、C 三班工人本周的总工作量。

任务三 港口堆场规划

参观过码头的同学都知道,在码头有限的场地中,绝大部分都是堆场,堆场运营自然是码头的一项重要工作。

现在的集装箱船越造越大,10 000 TEU 以上的集装箱船已经越来越普及,每当这些巨型集装箱船停靠港口,数以万计的集装箱将在港口辗转腾挪,雄壮的场面就像千军万马在战场上厮杀,怎样才能坐阵中军,指点江山?

本节任务,我们将学习如何在堆场上指挥千军万马。

已知某港口的位置如图 6-2 所示,4 个泊位的长度分别是 350 m、350 m、400 m、400 m,计划在该港口堆场配置堆五过六的全门式龙门吊,并且计划在堆场堆放 20 ft 或 40 ft 的集装箱,请为该港口进行堆场规划。

要求该堆场必须有进闸口、出闸口、办公区域、加油站、维修区、重箱区、空箱区、冷藏箱区、危险品箱区、特种箱区;要求堆场总堆存能力大于 6.5 万 TEU,且重箱区堆存能力占总堆存能力的 70%～75%，空箱区堆存能力占总堆存能力的 15%～21%。

规划完毕后，在堆场规划图中标出该堆场的堆存能力，并用不同符号标出不同的堆箱区，还要在堆场中标出拖车的行走路线是几车道及行车路线。

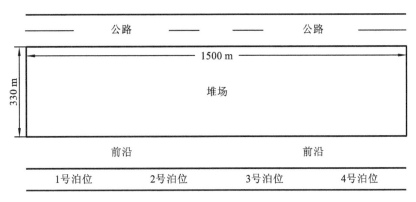

图 6-2 某港口位置图

该任务的核心是找出堆五过六的全门式龙门吊的技术参数，然后根据龙门吊的作业能力安排堆场的集装箱堆存。

【相关知识点】

一、集装箱码头箱务管理的作用

集装箱码头是集装箱运输系统的集结点和枢纽站，通常有大量的集装箱在码头集中、暂存和转运。码头箱务管理效率的高低直接关系到船公司的利益，关系到货主的方便性，关系到集装箱码头的声誉，所以集装箱码头一般都设有专职的箱管部门和岗位，对码头的所有集装箱进行管理。

二、集装箱码头箱务管理的内容

（一）空箱管理

1. 空箱进场管理

空箱进场必须认真检查，做好记录。内陆空箱进场，经过码头检查口时，集装箱卡车司机与检查口人员必须共同检查箱体。集装箱船卸空箱到港口，码头检箱员应与外理员共同检验箱体，如有异常，分清原残与工残，双方签字确认。

空箱进场还应分类堆放。对拆箱后还空箱的，一般要按不同的持箱人分开堆放；对船公司的空箱调运，一般还要按船名航次堆放；空箱由内陆进场时，应按不同的箱型、尺寸分开堆放。

2. 空箱出场管理

与空箱进场业务一样，空箱出场的交接，交接双方也必须共同检验箱体并在设备交接单（即十联单第九联，见附录 D）上签字确认。空箱装船出场，必须取得船公司或船代的指令和场站收据（即十联单第七联，见附录 C），并按指令的箱量、箱型、尺寸配载后转船出运。对因检验、清洗、熏蒸、修理等原因造成的空箱提运,应根据船公司或船代的工作联系单和设备交接单发放空箱并进行箱体检验和交接。

(二) 冷藏箱管理

冷藏箱因装载货物的不同而设定有指定的温度,在冷藏箱存放在集装箱码头的整个时间内,必须保证其指定温度的要求,从而保证货物不受损坏。

冷藏箱由内陆进入堆场,或者由船上卸下,检查人员都应该认真检查箱体和冷冻设备,并仔细查看冷藏箱的实际温度、设定温度与装箱单要求的温度,三者必须一致。

冷藏箱提空箱时,有时候还需要预冷。冷藏箱的预冷,一般是码头应船公司或货主的要求提供的服务,码头的服务不管收费与否,基本上都是根据客户的需求来开展的。其实这项工作完全可以在码头外面由别的单位来操作,只要有专业的人员和场地及设备就可以,船公司选择在码头做,不仅方便,而且保险。保险的意思是这个箱由码头出,再入码头,之间进行过冷藏功能检查和预冷,如果发生什么问题,原则上是码头的责任,如果在外面操作,产生了问题,之间会有不少的纷争,而且现在一般的工厂大都不具备专业人员。此外,预冷所需费用其实也是货主承担,只是包含在运费中,船公司自己配备这些专业人员,费用开支肯定会比在码头做要大。

(三) 危险品箱管理

无论装卸何种危险品集装箱,都必须事先取得船公司或船代经海事局核准签发的船舶载运危险品货物申报单,码头根据危险货物的不同类别实施装船,一般装完其他货物以后,才安排危险品货物最后装运,而且直装直卸。

直装,即集装箱由卡车装载进入码头后,货物不落地,直接装上集装箱船舶;直卸,即集装箱由集装箱船舶运进港口后,不落地,直接装上卡车,装运出港。对属于烈性危险品货物(如危规1类爆炸品、2类压缩气体和液化气体、7类放射性物品)均应采用直装直卸的方法。

危险品箱堆放于危险品专用箱区,并由专职人员管理。危险品箱区还要有明显的警告标志,并有与其他箱区的隔离设施和防护设备,对进入该箱区的危险品箱,还应按《国际危规》的隔离要求堆放,并做好有关记录。必须事先取得船方申报单证,否则不得擅自装卸。

(四) 特种箱管理

开顶箱、框架箱、平台箱、罐状箱、通风箱等特种箱一般堆放于特种箱区,四超箱(超高、超长、超宽、超重)通常堆放一层高,并采用相应的特种箱操作工艺作业,如高架排装卸工艺、钢丝绳底角件吊装工艺、货物拆箱分体装卸工艺等。

三、集装箱码头堆场管理

集装箱进入码头后,码头就要对集装箱负有保管责任,要及时跟踪和掌握集装箱在堆场的每一次搬动和动向,因此堆场管理与箱务管理密不可分,箱务管理的前提基础就是堆场管理,上海洋山深水港区集装箱码头堆场作业如图6-3所示。

(一) 堆场的堆箱规则

堆场的堆箱规则取决于装卸工艺系统。目前我国绝大部分集装箱码头采用的是装卸桥配合龙门吊的装卸工艺系统,龙门吊的技术参数决定堆箱规则。

龙门吊分类:根据龙门吊的行走方式可分为轨道式龙门吊和轮胎式龙门吊,轨道式龙门吊

图 6-3 洋山深水港区集装箱码头堆场作业

和轮胎式龙门吊的介绍见项目七。根据悬臂种类,龙门吊可分为全门式龙门吊、单悬臂龙门吊和双悬臂龙门吊。全门式龙门吊的主梁无悬伸,装卸小车在龙门吊主跨度内进行作业;单悬臂龙门吊和双悬臂龙门吊在主梁的一侧、两侧分别有悬伸,可扩大龙门吊的作业跨度,提高堆场利用率。全门式龙门吊和双悬臂龙门吊如图 6-4 和图 6-5 所示。

图 6-4 全门式龙门吊

图 6-5 双悬臂龙门吊

以全门式龙门吊为例,其技术参数见表 6-1。

表 6-1 全门式龙门吊技术参数

堆置能力	堆四过五	堆五过六	堆六过七
堆置高度	15.24 m	18.10 m	21.00 m
标准跨距	跨 6 列集装箱和 1 列集装箱卡车车道,23.47 m	跨 7 列集装箱和 1 列集装箱卡车车道,26.50 m	跨 8 列集装箱和 1 列集装箱卡车车道,28.8 m

以堆五过六的全门式龙门吊为例,其堆箱规则如图 6-6 所示。

为了便于堆场的集装箱管理,码头通常还规定了堆场箱位的表示方法,堆场的箱位号一般用字母、数字或字母与数字相结合来表示。不同的码头所用的堆场箱位号表示方法可能不同。

例如,某集装箱港口使用 6 位阿拉伯数字来表示集装箱堆场的箱位号,如图 6-7 所示。其中,第一位数字和第二位数字表示集装箱的堆场号。图 6-7 中,1 号泊位对应的堆场号分别是 11、12、13…;第三位数字和第四位数字表示集装箱的行号,和集装箱船表示 BAY 位的方法一

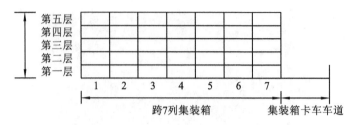

图 6-6　堆五过六的全门式龙门吊的堆箱规则

样,用数字 01、03、05…来表示 20 ft 集装箱,用数字 02、06、10…来表示 40 ft 集装箱;第五位数字表示集装箱的列号,用数字 1、2、3…来表示;第六位数字表示集装箱的层号,用数字 1、2、3…来表示。

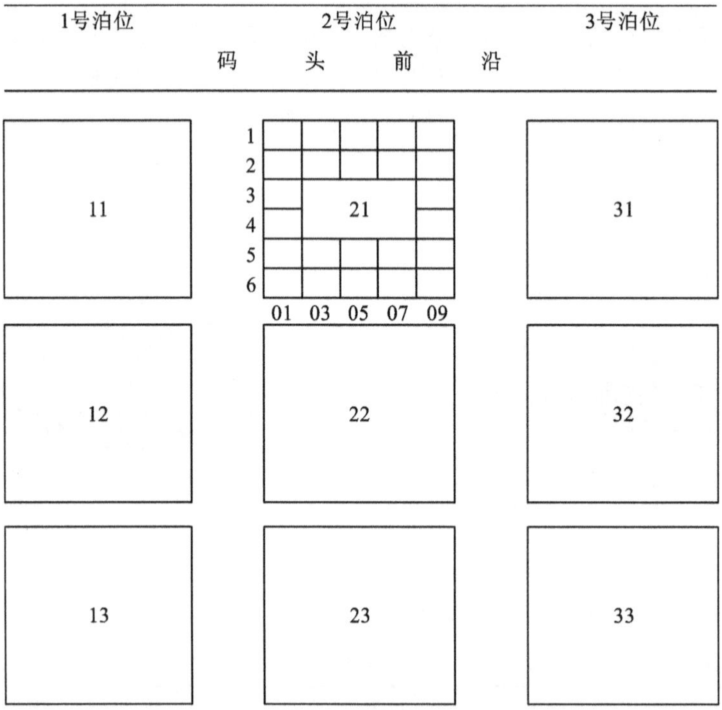

图 6-7　用 6 位阿拉伯数字表示集装箱堆场的箱位号

广东省的码头一般用字母结合数字来表示堆场的位置。例如广州南沙港用 A01、A02、A03 和 B01、B02、B03 等表示集装箱的堆场号;深圳赤湾码头的集装箱堆场箱位号的表示方法中,不仅堆场号用到字母,列号也用字母表示,如图 6-8 所示。

(二) 堆场的分区

(1) 按堆场的前后位置,分为前方堆场和后方堆场。
(2) 按进口和出口业务,分为进口箱区和出口箱区。
(3) 按不同的箱型,可分普通箱区、特种箱区、冷藏箱区和危品箱区。
(4) 按集装箱的空重,可分为空箱区和重箱区。
(5) 按中转类型,可分为国际中转箱区和国内中转箱区。

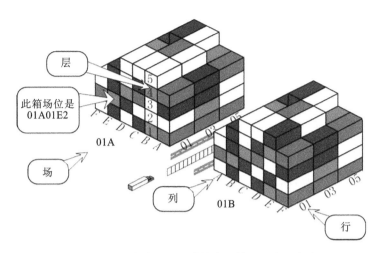

图 6-8　深圳赤湾码头集装箱堆场箱位号表示方法

上述堆场分区一般应根据集装箱码头的堆场容量、作业方式等具体情况加以应用。

(三) 出口箱的堆放

集装箱码头通常在装船前 3 天开始受理出口重箱进场作业。由于货主重箱进场的随机性与船舶稳性及吃水差既定性的矛盾，必须科学合理地安排出口重箱进场，力求提高堆场利用率，减少翻箱量，保证船方要求和船期。

安排出口重箱进场应满足以下几点要求。

（1）重箱进场要尽可能靠近船舶泊位，避免水平运输线路特别是避免各路作业的线路交叉、道路拥挤、机械过于集中等不利因素。

（2）根据船舶稳性、吃水差规范要求和沿线船舶靠港作业要求，将不同卸货港、不同吨级、不同箱型和不同尺寸的集装箱分开堆放，以便装船作业时按配载图的顺序装运，减少堆场翻箱倒箱。

（3）多船装卸作业与大量进口箱的提箱作业同时进行时，更要从整个码头的作业效率出发统筹兼顾。箱区的安排分配要与船舶泊位、作业路线、作业量及机械分配等各种因素结合起来，力求达到最佳的动态平衡点。

(四) 进口重箱堆放

进口重箱自卸船 7 天内要按不同的收货人发箱提运，进口重箱的堆放要兼顾船舶的卸船作业和货主的提箱业务。

安排进口重箱堆放应满足以下两点要求。

（1）根据船舶计划的泊位和作业路线选择合适的箱区，提高卸船作业效率。

（2）不同箱子分开堆放：重箱与空箱分开堆放；不同箱型分开堆放；好箱与坏箱分开堆放；中转箱堆放于海关确认的中转箱区；冷藏箱堆放于冷藏箱区；特种箱堆放于特种箱区；危险品箱堆放于危险品箱区。

此外对大票箱尽量相对集中堆放，以提高堆场机械发箱作业效率。

(五) 堆场要留出翻箱位

虽然码头都尽量避免翻箱，但是意外情况总会发生，所以翻箱又是不可避免的。现在翻箱已经成为一个世界性的难题,还没有很好的解决方法,所以要在堆场策划时留出翻箱位,如图 6-9 所示。

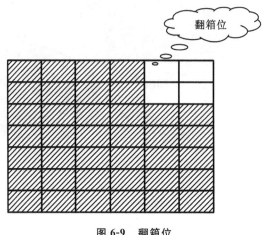

图 6-9 翻箱位

(六)堆场规划的基本原则

堆场规划的基本原则有以下几点。

(1)装船的集装箱应按照船舶、卸货港、集装箱种类、空箱重箱的不同分开堆放。

(2)到同一卸货港的集装箱应尽量堆放在一起。

(3)装船的集装箱应尽量堆放在靠近船舶停泊的泊位附近的堆场区域,以缩短从堆场搬运集装箱到船边的距离和时间。

(4)如果有几艘船同时到港装箱,应尽量将这几艘船的装船箱分开堆放,避免在装船时拖车在同一位置取箱,造成互相等待的拥挤局面。

(5)空箱场的空箱堆放,一般是同一箱主同一尺寸的箱堆放在一起。

【本节任务分析】

步骤 1　找出龙门吊的技术参数,确定堆场堆放集装箱的列数:堆五过六的全门式龙门吊堆置高度 18.10 m,跨 7 列集装箱和 1 列集卡车道,标准跨距 26.50 m。

步骤 2　根据泊位长度确定堆场堆放集装箱的行数:350 m 泊位,除去 2 车道共 10 m,可堆放 40 ft 集装箱(长度 12.2 米)约 26 排。

步骤 3　根据港口位置图分配办公区域、加油站、维修区、进闸口、出闸口:如彩图 2 所示,进闸口宽度 12.2 m×3+10 m,可布置 10 车道;12.2 m×4 出闸口,可布置 10 车道。

步骤 4　在港口位置图剩下的区域中分配重箱区、空箱区、冷藏箱区、危险品箱区、特种箱区:如彩图 2 所示,注意留出翻箱位,而且危险品箱区要安排在堆场的角落处。

步骤 5　计算出堆场总堆存能力。

重箱区=(13×7−6)×7×4×5+(14×7−6)×7×4×5=24 780(个)=49 560 TEU

空箱区=(13×7−6)×2×4×5+(14×7−6)×2×4×5=7 080(个)=14 160 TEU

冷藏箱区=(13×7−6)×2×5=850(个)=1 700 TEU

特种箱区=(14×7−6)×2×5=920(个)=1 840 TEU

危险品箱区=(14×7－6)×5＝460(个)＝920 TEU
总堆存能力＝49 560＋14 160＋1 700＋1 840＋920＝68 180 TEU
重箱区堆存能力所占比例＝49 560÷68 180≈72.7％
空箱区堆存能力所占比例＝14 160÷68 180≈20.8％
步骤6　在车道上画出拖车行走路线，如彩图2所示(堆场规划图)。
步骤7　在规划图上标出堆场的总堆存能力等标识，如彩图2所示。

实训练习

实训目标

掌握集装箱码头箱务管理和堆场规划的基本原则，能够根据港口实际情况进行堆场规划。

任务导入

已知某港口的位置如图6-10所示，5个泊位的长度分别是350 m、350 m、400 m、400 m、400 m，计划在该港口堆场配置堆五过六的全门式龙门吊，并且计划在堆场堆放40 ft、45 ft、48 ft的通用集装箱，以及40 ft的冷藏箱和特种箱，请为该港口进行堆场规划。

要求该堆场必须有进闸口、出闸口、办公区域、加油站、维修区、重箱区、空箱区、冷藏箱区、特种箱区；要求堆场总堆存能力大于8.5万TEU，且重箱区堆存能力占总堆存能力的60％～65％，空箱区堆存能力占总堆存能力的30％～35％。

规划完毕后，在堆场规划图中标出该堆场的堆存能力，并用不同符号标出不同的堆箱区，还要在堆场中标出拖车的行走路线是几车道及行车路线。

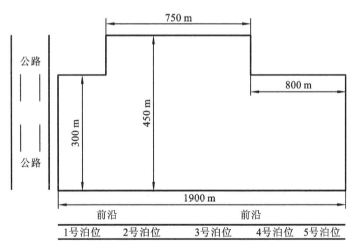

图6-10　某港口的位置图

项目小结

本项目的任务包括集装箱检验与清洗、泊位规划和堆场规划，涉及的新知识点有集装箱检验和清洗的步骤及操作方法、集装箱码头的布局和基本组织等。为了完成本项目的任务，大家还需要巩固前面的知识点，包括集装箱上各主要部件名称及作用、集装箱外标志标识、船期表查询等。

在实际工作中，泊位规划和堆场规划都是通过码头复杂的操作软件完成的，虽然课堂上无法实现和实际工作一模一样的操作，但是教学的本质不是岗前培训（即使是岗前培训，因为不同港口的软件不同，无法在课堂上做到一模一样），教学的目的是让学生掌握一些规律和方法。本项目通过模拟真实的工作环境，提炼出工作任务中的核心环节，再利用Office等办公软件绘图或者手工绘图，学生也能掌握这些任务的精髓，期待大家能在实际工作中大显身手。

项目七
集装箱陆路运输与航空运输

CONTAINER
TRANSPORT
PRACTICE

(1) 掌握集装箱航空运输中普通货物的运费计算方法。
(2) 熟悉集装箱装卸工艺。
(3) 了解集装箱铁路运输和公路运输的特点。
(4) 了解集装箱货运站和中转站的布局与设施。
(5) 能够进行集装箱陆路运输中转站的规划。
(6) 能够独立计算航空运费,并填写航空货物单的运费计算栏。

一、集装箱装卸工艺

集装箱装卸工艺是指按照一定的过程,使用特定的设备装卸和搬运集装箱的方法和程序,常见的集装箱装卸工艺有以下几种。

1. 集装箱装卸桥装卸工艺

集装箱装卸桥如图 7-1 所示,又称集装箱岸壁起重机,简称桥吊,是码头上用于将集装箱吊起,进行集装箱船舶装卸的起重机。桥吊是港口的核心装卸设备,其作业能力决定着一个码头的集装箱吞吐能力。

图 7-1 集装箱装卸桥

集装箱装卸桥等集装箱装卸设备一般都配备专业的集装箱吊具(如图 7-2 所示)来装卸集装箱,集装箱吊具是指集装箱装卸机械和集装箱之间相衔接的工索具,其工作原理如下:首先通过吊具四角的旋锁(如图 7-3 所示)和导向装置,使吊具对准集装箱的角件;然后通过液压系统转动旋锁,锁住集装箱的角件;最后吊具起吊,进行集装箱装卸。

图 7-2 集装箱吊具

图 7-3 吊具四角的旋锁

2. 门座式起重机装卸工艺

门座式起重机简称门机,是由可转动的起重装置装在门形座架上的一种起重机,一般通过两侧支腿支撑在地面轨道或地基上,可沿地面轨道运行,如图 7-4 所示。门座式起重机通常用于装卸散货和件杂货,或者用于货运量不大的集装箱码头。

图 7-4 门座式起重机

3. 船式起重机装卸工艺

船式起重机又称船吊,是指安装在船上的起重机,如图 7-5 所示。一般来说,某些中小型的集装箱船会自带起重机装卸集装箱,大型集装箱船一般不会自带起重机。专业的船吊通常用于装卸件杂货和超大型的货物,很少用于直接装卸集装箱。

图 7-5 船吊

4. 集装箱滚装装卸工艺

集装箱滚装装卸工艺就是采用滚装船装卸集装箱的工艺方案,滚装船又称开上开下船,如图 7-6 所示。装载集装箱的卡车可直接开上或开下滚装船,从而完成集装箱的装卸。

5. 轮胎式龙门起重机装卸工艺

轮胎式龙门起重机又称轮胎式龙门吊,如图 7-7 所示,其工艺方案即集装箱卡车送达或启运的集装箱,均通过轮胎式龙门起重机装卸。轮胎式龙门吊的优点是跨度大、堆码层数多;缺点是轮压大,需配备专业的行走车道,堆场利用率不高,所以该设备已逐渐被淘汰。

6. 轨道式龙门起重机装卸工艺

轨道式龙门起重机又称轨道式龙门吊,如图 7-8 所示,其工艺方案和特点与轮胎式龙门起重机相似,由于其结构简单、维修方便、操作简单、轮距小、堆场利用率高,所以该设备目前是主流的集装箱堆场装卸设备。

图 7-6 滚装船

图 7-7 轮胎式龙门起重机

图 7-8 轨道式龙门起重机

7. 跨运车装卸工艺

跨运车如图 7-9 所示,其优点是一机多用,可自行搬运、自行装卸、自行堆垛,机动性强,堆场利用率高。缺点是结构复杂、故障率高、司机室高、视野差、操作困难、油耗高,所以该设备已经逐渐被淘汰。

图 7-9 跨运车

图 7-10 正面吊

8. 正面吊装卸工艺

正面吊又称吸车,如图 7-10 所示,正面吊的吊具可以伸缩及旋转,能水平运输,能装卸,能堆码;其作业特点是机动性强、稳定性好、轮压低、堆码层数高,堆场利用率高;正面吊尤其适合内陆堆场和码头的海关查验场的集装箱搬移、堆码作业。

9. 集装箱叉车装卸工艺

集装箱叉车(如图7-11所示)与正面吊的特点相似,与正面吊相比,集装箱叉车堆码层数更高,但是集装箱叉车只能装卸集装箱空箱,不能装卸重箱,所以集装箱叉车通常用于集装箱空箱堆场的堆码作业。

10. 底盘车装卸工艺

底盘车即集装箱卡车,集装箱卡车的车头(平头式集装箱牵引车车头如图7-12所示)和后面的挂车(如图7-13所示)是可以分离的,且分别有不同的车牌号。底盘车工艺即

图7-11 集装箱叉车

进出场的集装箱均不予装卸,进场时挂车与车头拆开,底盘车直接停在场地上;出场时挂车与车头连接,直接开出。底盘车装卸工艺的特点是堆场占用率高且投资少,适合刚起步的集装箱堆场。

图7-12 平头式集装箱牵引车车头

图7-13 集装箱卡车后面的挂车

11. 汽车起重机或轮胎式起重机装卸工艺方案

汽车起重机(如图7-14所示)或轮胎式起重机(如图7-15所示)装卸工艺方案,即以汽车起重机或轮胎式起重机作为集装箱堆场的装卸设备,进行集装箱进出场箱的装卸。这种装卸工艺一般用于临时的集装箱装卸。

图7-14 汽车起重机

图7-15 轮胎式起重机

二、集装箱货运站

集装箱货运站是指进行装箱与拼箱业务的企业或部门。在整个集装箱运输和集装箱多式

联运中,发挥了链接和纽带的作用。

(一) 集装箱货运站的设备和设施

1. 带装货月台的仓库

集装箱货运站一般都要配备有一定面积的仓库,用于集货或储存拆箱后等待提取的货物。仓库除了储存区外还有装拆箱区,同时仓库应配备装拆箱月台,便于不卸车可直接进行装拆箱。

2. 堆箱场地

堆箱场地可暂时堆存已装好或中转的重箱,作为集装箱码头集中到达或卸船箱子的疏运地点。

3. 装拆箱机械与堆场机械

装拆箱机械与堆场机械主要有小型的叉车和集装箱叉车。

4. 辅助设施

(1) 洗箱场地:用于清洗某些装货前的箱子。

(2) 修箱部门:有条件的货运站可设置修箱部门。

(3) 卡车停车场和加油站。

(4) 修理车间:用于修理场内机械设备。

(5) 管理和后勤设施:包括货运站管理建筑和生活建筑。

(二) 货运站的主要任务

货运站的任务有以下几个方面。

(1) 集装箱货物的承运、验收、保管和交付。

(2) 拼箱货的装拆箱业务。

(3) 整箱货的中转。

(4) 重箱、空箱的堆存和保管。

(5) 货运单的处理,运费、堆存费的结算。

(6) 集装箱和重箱卡车的维修、保养。

任务一 集装箱陆路运输

集装箱陆路运输包括集装箱铁路运输和集装箱公路运输,与集装箱水路运输有许多相通之处。

集装箱属于特种设备,需要专业的装卸设施,集装箱水路运输在码头装卸,集装箱陆路运输则在办理站或中转站装卸,码头的布局与组织我们在前面已经介绍了,办理站或中转站如何布局才能满足集装箱陆路运输呢?

经过认真的调查与可行性研究,某货运代理企业决定投资建设一个集装箱公路运输的中转站,建设场地如图 7-16 所示。要求该中转站必须有进闸口、出闸口、验箱场、空箱堆场、重箱堆场、特种箱堆场、危险品箱堆场(全部集装箱堆场的总面积至少为中转站总面积的 1/2)、拆箱拼箱作业仓库(仓库面积至少为中转站面积的 1/5)等主作业区,还必须有加油站、维修站、停车场、办公楼等辅助作业区。

已知堆场集装箱装卸使用堆五过六的全门式龙门吊和正面吊,请完成该集装箱公路运输中转站的布局规划图,并在规划图上标出车辆行驶路线。

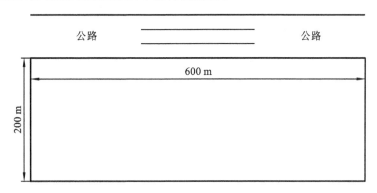

图 7-16 某集装箱公路运输的中转站的建设场地

在项目六的堆场规划中,大家已经练习了堆场堆存能力计算与堆场的龙门吊装卸工艺,所以本节任务降低了难度,不再要求堆场堆存能力计算,大家合理分配集装箱公路运输中转站的各功能区域就可以了。

【相关知识点】

一、集装箱铁路运输概述

20 世纪 60 年代,集装箱运输迈出了陆海联运的关键一步,促进了铁路集装箱运输的发展,并使集装箱的铁—公—水联运得以形成和发展,走上了现代多式联运的发展道路。在美国和欧洲的一些发达国家,早已开办了集装箱的定期直达专列,使铁路能定点、定线、有计划地运送集装箱货物,从而促进了铁路集装箱运输的发展。近些年发展起来的"陆桥运输",使铁路集装箱运输的地位更为上升,成为美国西海岸与中西部集装箱运输的主要方式。近年来,随着我国经济的迅速发展,集装箱定期直达专列也已形成,并呈快速发展的趋势。

二、集装箱铁路运输办理站

专门处理集装箱铁路运输的货运站点称为集装箱铁路运输办理站。一般规模较大、处理集装箱量较多、设施较齐全的办理站被称作基地站或中心站。如成都铁路集装箱中心站(如图 7-17 所示),为铁道部规划建设的 18 个集装箱中心站之一,占地 2 140 亩,园区内有 8 条铁路线,装卸线足够容纳整列火车的最大长度。

图 7-17　成都铁路集装箱中心站

集装箱铁路办理站的设施通常包括装卸线及装卸设备、堆箱场地、辅助设施等。

（一）装卸线及装卸设备

集装箱铁路办理站必须拥有一股或数股集装箱装卸线，用于集装箱列车出发前的装车、到达后的卸车、中途的换装。装卸线的股数与长度，与集装箱通过量及办理站的业务特点有关。

铁路办理站以轨道式龙门吊作为装卸线上的基本装卸机械，以集装箱正面吊和叉车为辅助机型。大多数办理站采用"跨内一侧"的轨道式龙门吊（如图 7-18 所示），装卸线在轨道式龙门吊跨度内、靠火车轨道旁，这样的布置方式，集装箱堆场可放在另一侧，堆场的面积比较集中，利用程度较高。

图 7-18　"跨内一侧"轨道式龙门吊

（二）堆箱场地

根据铁路集装箱办理站的集装箱货运量、作业方式、保管期限、堆存用途等因素的不同，铁路集装箱办理站通常有面积大小不等的堆箱场，分为到达和发送箱区、中转箱区、拆装箱区、备用箱区、维修箱区等。

（三）辅助设施

铁路集装箱办理站一般还需拥有以下几方面的辅助设施。

1. 停车场

集装箱送达办理站或从办理站提货，一般都采用集装箱拖挂车，因此集装箱办理站会有许多集装箱拖挂车进出,有些车可能需要在办理站停留一定的时间,所以铁路集装箱办理站一般会设置停车场。

2. 维修部门

维修部门即需要维修、保养办理站的各种集装箱装卸设备、设施。

3. 营业与办公部门

集装箱办理站的办公机构,对进出的集装箱卡车进行登记、检查、办理各类集装箱货运业务手续。

有些集装箱码头,铁路线一直铺设到码头前沿,这时铁路集装箱办理站与集装箱港口实际已融为一体。铁路集装箱办理站的装卸线甚至会直接延伸到码头集装箱装卸桥的下面,集装箱办理站的概念已完全变化,这样的集装箱"水—铁"联运,效率是最高的。

三、陆桥运输

陆桥运输是指利用横贯大陆的铁路(有时也包括公路),将"海"与"海"连接起来,运用"海—陆—海"的运输方式,进行多式联运。其显著特点是增加途中换装次数、缩短运输距离、加快运输速度、节省运输时间。

速 度 比 较

我国的货运列车的重车速度大约为每小时 80 km,普通杂货船的速度为 12~15 节,普通的集装箱船和油轮的速度为 20~30 节(1 节等于 1.852 km/h)。

试比较铁路运输与水路运输的速度?

从运输角度的使用方式来看"陆桥运输"的开展,大大提升了铁路运输在集装箱运输整体中的地位,使铁路集装箱运输运距加长,运量增加。

陆桥运输起源于 20 世纪 50 年代,当时的日本货运公司把货物从日本东海岸,利用海路运输到北美西海岸,然后通过贯穿北美大陆的铁路线,陆运到北美东海岸,最后经海路运输到欧洲,这就是北美大陆桥。陆桥运输在发展过程中,逐渐形成了"北美陆桥运输"和"亚欧陆桥运输"两大板块。

亚欧大陆桥的开通与发展,为沿桥国家和亚欧两大洲经济贸易交流提供了一条便捷的大通道,促进了东亚、东南亚国家和地区、中亚国家与欧洲各国之间的经贸往来,以及区域经济的发展和繁荣。

目前亚欧大陆桥已有两条,第三条正在投资建设中(如图 7-19 所示)。第一条亚欧大陆桥(西伯利亚大陆桥)以俄罗斯港口海参崴为起点,以荷兰港口鹿特丹为终点;第二条亚欧大陆桥(新亚欧大陆桥)以我国的连云港为起点,以荷兰港口鹿特丹为终点;第三条亚欧大陆桥以我国的深圳港为起点,以荷兰港口鹿特丹为终点。

四、集装箱公路运输的特点

现代集装箱运输发展到目前,公路集装箱运输大致表现出以下几个方面的特点。

图 7-19 亚欧陆桥运输

（一）"门—门"运输的开端和结尾

集装箱运输是一种"门—门"运输,这是集装箱运输突出的特征,也是其优越性所在。而集装箱运输最终要实现"门—门"运输,绝对离不开集装箱卡车运输这种末端运输方式。

（二）辅助性的、衔接性的运输方式

大多数情况下,集装箱卡车运输是在集装箱各种运输方式之间起衔接性、辅助性的作用,是通过陆上短驳,将各种运输方式衔接起来,或者最终完成一个运输过程;少数情况下,集装箱公路运输扮演主力的角色,从头至尾完成一次完整的运输过程。

（三）表现出公路运输共有的缺点

公路运输的共同缺点:运力低于铁路运输和水路运输;速度低于铁路运输;能耗与成本却高于铁路运输和水路运输;安全性能及对环境保护的程度,都比不上铁路运输与水路运输。

因为集装箱公路运输的缺点显而易见,很多国家和地区都通过立法和税收等方式,鼓励内河运输和铁路运输,限制集装箱公路运输。如美国,由于内陆幅员辽阔,高速公路网发达,一般认为 600 km 为集装箱公路运输的合适距离;中国虽然幅员同样辽阔,但高速公路网不发达,且收费偏高,所以一般认为 300 km 为集装箱公路运输的合适距离。

五、集装箱公路运输中转站

（一）中转站的主要功能

中转站的主要功能有以下几点。

（1）承担集装箱水运目的港、铁路运输办理终点站和收货人之间公路转移任务,完成"门—门"运输;组织腹地内干支线,长短途运输,完成"水—公"联运。

（2）相当于一种内陆集装箱货运站(CFS),办理重箱拼箱货的拼箱与拆箱作业,起到仓储、提取、运送的作用。

（3）靠近大型集装箱口岸与铁路办理站的中转站,可作为疏运的缓冲区域、堆场或集散点。

（4）进行空箱和重箱的装卸、堆存、检查、清洗、消毒、维修等业务,并可作为船公司箱管或外轮代理公司在内陆指定的还箱点,进行空箱堆存和调度作业。

（5）为货主代办报关、报验、理货及货运代理等业务。

（二）集装箱公路运输中转站的设置

场站的布置一般都是根据实际的地形而设,通常分成两大部分:一是主要作业区;二是辅助作业区。

1. 主作业区

通常主作业区分成集装箱堆场和集装箱拆装箱作业仓库两大部分。

1) 集装箱堆场

在这一区域完成集装箱卡车进场卸箱作业与出场装箱作业的全过程,同时在这一区域进行集装箱日常堆存。

集装箱堆场可按空箱、重箱分别划分区域,如代理船公司、租箱公司作为内陆收箱点的,还可按箱主分别划分堆箱区域。在堆箱区域中,国内箱(小型箱)与国际标准箱要分开。通常国内箱应放在较靠外的位置,国际标准箱放在较靠里的位置。集装箱堆场的地面必须作负重特殊处理,应满足相关的负荷要求。堆场地面必须符合规定,避免场地被损坏。

2) 集装箱拆装箱作业仓库

在这一区域主要完成集装箱拆箱、装箱作业和集装箱拼箱货集货、集装箱拆箱货分拣、暂时储存,以及某些中转货物的中转储存等工作。

这一作业区域通常是一个适合拼拆箱量需求规模的仓库,在仓库一侧一般设置"月台",以备集装箱卡车进行不卸车的拼拆箱。应有适当开阔面积的拼拆箱作业区,便于货物集中、分拣与叉车作业。按需要,可设置进行货物分拣的皮带输送机系统,同时,应有适当规模的货物储存区域。

2. 辅助作业区

这一区域主要包括以下几个场所。

（1）大门检查站:主要负责进站集装箱的设备检查与交接,以便分清责任。

（2）综合办公楼:主要进行各种单证和票据的处理、信息交换、作业调度等。

（3）加油站:满足进出站集装箱卡车的油料补给。

（4）停车场、洗车场。

（5）修理车间:主要满足集装箱卡车、装卸机械的修理任务;如有条件和必要,可配备进行集装箱修理的力量。

按照站内外运输道路及站内车辆的流向,合理确定各区域的进出口通道和中转站大门的位置,尽量避免站内外车辆的交叉流动。站内一般采用单向环形道路,路面宽 4 m;如采用双行道,路面宽取 7~8 m,以便于汽车在站内安全运行。

实训练习

实训目标

掌握集装箱铁路运输办理站的布局和设施,能够根据实际情况进行集装箱铁路运输办理站的规划。

任务导入

经过认真的调查与可行性研究,某市政府决定投资建设一个集装箱铁路运输的中心站,建设场地如图 7-20 所示,要求该中心站必须有空箱堆场、重箱堆场、特种箱堆场、危险品箱堆场(全部集装箱堆场的总面积至少为中心站总面积的 1/3)、拆箱拼箱作业区(作业区面积至少为中心站面积的 1/10)、仓库(仓库面积至少为中心站面积的 1/10)、加油站、维修部门、停车场、营业与办公部门、海关、检验检疫局等部门。

已知该集装箱铁路运输中心站设置 8 条铁路线,集装箱装卸使用堆五过六的全门式龙门吊和正面吊,请完成该集装箱铁路运输中心站的布局规划图,并在规划图上标出中心站内拖车行驶路线。

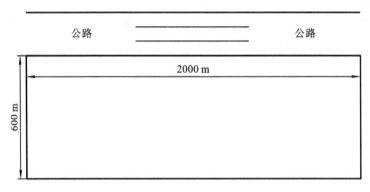

图 7-20 集装箱公路运输的中转站的建设场地

任务二 集装箱航空运输

对于集装箱航空运输来说,计算航空运费并填写航空货运单是一项基本的操作。

在计算航空运费、填写航空货运单的时候,有哪些需要注意的事项呢?

任务引入

计算该票货物的航空运费:
Routing:BEIJING,CHINA(BJS)
TO AMSTERDAM,HOLLAND(AMS)
Commodity:PARTS
Gross Weight:38.7 kg

Dimensions:100 cm×60 cm×30 cm

公布运价如下：

BEIJING Y. RENMIBI	CN CNY		BJS KGS
AMSTERDAM	NL	M N 45 300	320.00 50.22 41.53 37.52

计算该票货物的航空运费，并填写航空货物单的运费计算栏。

No. Of Pieces RCP	Gross Weight	kg lb	Rate Class	chargeable weight	rate/charge	Total	Nature and Quantity Of Goods (Incl dimensions of Volume)
			Commodity Item No.				

航空运费的计算一般要经过两次比较。体积质量与实际毛重的比较，按计费质量计算的运费与按较高质量分界点计算的运费之间的比较。

填写航空货物单的运费计算栏时，需要注意运费等级的填写。

【相关知识点】

一、集装箱航空运输的特点

集装箱航空运输同其他的交通方式相比，有着以下几个鲜明的特点。

1. 运送速度快

集装箱航空运输时速都在每小时 600 km 到 800 km，比其他的交通工具要快得多。航空货运的这个特点适应了一些特种货物的需求，例如海鲜、活动物等需要快速运输的货物。

2. 破损率低、安全性好

由于航空货运的地面操作流程的环节比较严格，货物装上了飞机后，在空中也不容易损坏，因此，在整个航空货物运输环节中货物的损率低、安全性好。这种特点使得有些体积比较大、质量比较重的货物虽然从物理特性来看不适合空运，但最终会采用空运。

3. 空间跨度大

在有限的时间内，集装箱航空运输的空间跨度是最大的。通常，现有的宽体飞机一次可飞行 7 000 km 左右，进行跨洋飞行完全没问题，例如从中国飞到美国西海岸，通常只需 13 个小时左右。

4. 运价较高

由于航空货运的技术要求高、运输成本大等原因，使得它的运价相对来说比较高，例如从中国到美国西海岸，空运价格至少是海运价格的10倍以上。

5. 载量有限

由于飞机本身的载重容积的限制，通常集装箱航空运输的货量相对于海运来说少得多。例如载重最大的民用飞机B747全货机，货物最大载重100多吨，相对于海运动辄几十万吨的载重量，差距明显。

6. 易受天气影响

集装箱航空运输容易受到天气的影响，如遇到大雨、大风、雾等恶劣天气，航班时间就不能得到有效保证。

二、航空运输的集装箱

航空运输的可分为空陆联运集装箱、主货舱集装箱、下货舱集装箱三种。空陆联运集装箱：分为20 ft或40 ft，高和宽为8 ft，这种集装箱只能装于全货机或客机的主货舱，主要用于陆空、海空联运。主货舱集装箱：主货舱集装箱只能装于全货机或客机的主货舱，这种集装箱的高度是163 cm以上。下货舱集装箱：下货舱集装箱只能装于宽体飞机的下货舱。

根据结构不同，常见的航空运输的集装箱有以下几种。

(1) AAU集装箱，自重355 kg，载货后最大负荷质量4 626 kg，容积14.3 m³，适载机型为波音747、747F，如图7-21所示。

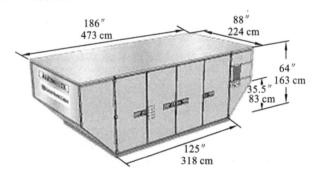

图 7-21　AAU集装箱

(2) AKE集装箱，自重100 kg，载货后最大负荷质量1 588 kg，容积4.3 m³，适载机型为波音747、747F、777和空中客车，如图7-22所示。

(3) ALF集装箱，自重155 kg，载货后最大负荷质量3 175 kg，容积8.78 m³，适载机型为波音747、747F、777和空中客车，如图7-23所示。

(4) AMA集装箱，自重360 kg，载货后最大负荷质量6 804 kg，容积17.58 m³，适载机型为波音747F，如图7-24所示。

(5) AMF集装箱，自重330 kg，载货后最大负荷质量5 035 kg，容积14.6 m³，适载机型为波音747、747F、777和空中客车，如图7-25所示。

(6) RAP冷藏集装箱，自重330 kg，载货后最大负荷质量4 626 kg，容积9.2 m³，适载机型

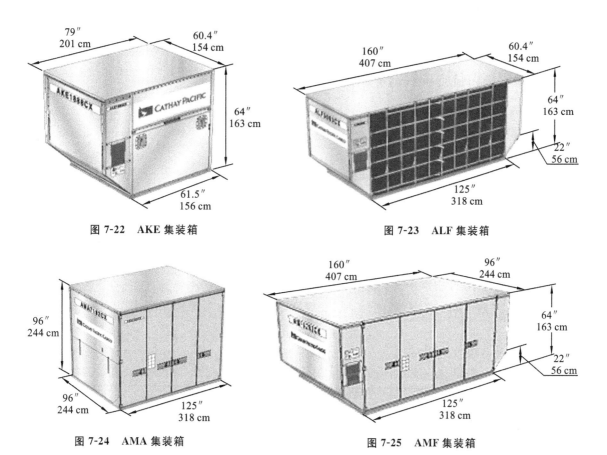

图 7-22 AKE 集装箱　　　　　　　　图 7-23 ALF 集装箱

图 7-24 AMA 集装箱　　　　　　　　图 7-25 AMF 集装箱

为波音 747、747F、777 和空中客车,如图 7-26 所示。

(7) RKN 冷藏集装箱,自重 190 kg,载货后最大负荷质量 1 588 kg,容积 3.55 m³,适载机型为波音 747、747F、777 和空中客车,如图 7-27 所示。

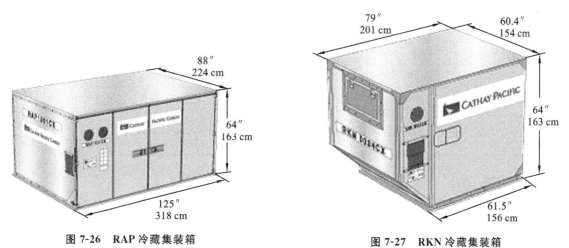

图 7-26 RAP 冷藏集装箱　　　　　　　图 7-27 RKN 冷藏集装箱

上述第 6 和第 7 种冷藏集装箱为特殊用途的集装箱,它是利用绝缘材料制成的箱体,通过封闭等方法控制箱内的温度,以便装载特种货物,保温箱可分为密封保温主箱和动力控制保温箱两种。除此之外,特殊用途的集装箱还有用于运载活体动物和特种货物的专用集装器,如马厩(horse stall)、牛栏(cattle stall)、汽车运输设备(automobile transport equipment)等。

三、我国国内航空货物运价体系

1. 最低运费(运价代号 M)

每票国内航空货物最低运费为 30 元。

2. 普通货物运价

普通货物运价包括基础运价和质量分界点运价。

基础运价为 45 kg 以下普通货物运价,费率按照民航总局规定的统一费率执行。

质量分界点运价的规定如下。45 kg 以上运价由民航总局统一规定,按标准运价的 80% 执行;此外,航空公司可根据运营航线的特点,建立其他质量分界点运价,共飞航线由运营航空公司协商协定,报民航总局批准执行。

通常情况下,用 N 表示 45 kg 以下的普通货物运价,用 Q 表示 45 kg 以上的普通货物运价(包括 45 kg)。这里,代号"N"、"Q"、"M"主要用于填制货运单运费计算中"RATE CALSS"一栏。

3. 等级货物运价(代号 S)

生物制品、植物和植物制品、活动物、骨灰、灵柩、鲜活易腐物品、贵重物品、机械、弹药、押运货物等特种货物的国际航空运费按普通货物标准运价的 150% 计收。

4. 指定商品运价(代号 C)

对于一些批量大、季节性强、单位价值小的货物,航空公司可建立指定商品运价,其指定商品种类及代号见表 7-1,运价优惠幅度不限,报民航总局批注执行。

表 7-1 中国国内航空货物指定商品种类及代号

代号	种类
0007	水果
0300	鱼(可食用)、海鲜、海味
0600	肉、肉制品(包括家禽、野味和猎物)
1201	皮革和皮制品
1401	花木、幼苗、根茎、种子、植物和鲜花
2195	纱、线、纤维、布、服装和纺织品
6001	化学制品、药品、药材

四、计费质量

计费质量是指用以计算货物航空运费的质量。货物的计费质量或者是货物的实际毛重,或者是货物的体积质量,或者是较高重量分界点的重量。

1. 实际毛重

包括货物包装在内的货物质量,称为货物的实际毛重。由于飞机最大起飞全重及货舱可用装载的限制,一般情况下,对于高密度货物,应考虑其实际毛重可能会成为计费质量。

2. 体积质量

1) 定义

按照国际航协规则,将货物的体积按一定的比例折合成的质量,称为体积质量。由于货舱空间体积的限制,一般对于低密度的货物,即轻泡货物,考虑其体积质量可能会成为计费重量。

2) 计算规则

不论货物的形状是否为规则的长方体或正方体,计算货物体积时,均应以最长、最宽、最高的三边的厘米长度计算。

长、宽、高的小数部分按四舍五入取整,体积质量的折算,换算标准为每 6 000 cm³ 折合 1 kg。

$$体积质量(kg) = \frac{货物体积}{6\ 000\ cm^3/kg}$$

3. 计费质量(chargeable weight)

一般的,计费质量采用货物的实际毛重与货物的体积质量两者的较高者;但当货物按较高质量分界点的较低运价计算的航空运费较低时,则将此较高质量分界点的货物起始质量作为货物的计费质量。

国际航协规定,国际货物的计费质量以 0.5 kg 为最小单位,质量尾数不足 0.5 kg 的,按 0.5 kg 计算;0.5 kg 以上不足 1 kg 的,按 1 kg 计算。

当使用同一份运单,收运两件或两件以上可以采用同样种类运价计算运费的货物时,其计费质量规定:计费质量为货物总的实际毛重与总的体积质量两者的较高者;同时,较高质量分界点质量也可能成为货物的计费质量。

实训练习

实训目标

掌握集装箱航空运输中普通货物的运费计算方法,能够独立填写航空货物单的运费计算栏。

任务导入

已知北京到香港的航空运费如下。M:200 HKD,N:28.65 HKD;Q:21.62 HKD;100 kg:18.82 HKD;500 kg:15.35 HKD;1 000 kg:15.00 HKD;2 000 kg:14.60 HKD,现有四台精密仪器从北京空运至香港,第一台精密仪器的质量和尺寸为 Gross Weight:30 kg,Dimensions:40 cm×30 cm×50 cm;第二台精密仪器的质量和尺寸为 Gross Weight:40 kg,Dimensions:40 cm×40 cm×55 cm;第三台精密仪器的质量和尺寸为 Gross Weight:50 kg,Dimensions:60 cm×40 cm×70 cm;第四台精密仪器的质量和尺寸为 Gross Weight:90 kg,Dimensions:60 cm×60 cm×90 cm。如分别托运各需多少运费?如集中托运又需多少运费?集中托运比分别托运能节约多少运费,分别填写航空货物单的运费计算栏。

No. Of Pieces RCP	Gross Weight	kg lb	Rate Class Commodity Item No.	chargeable weight	rate/ charge	Total	Nature and Quantity Of Goods (Incl dimensions of Volume)

项目小结

本书重点介绍了集装箱水路运输,对于集装箱陆路运输和航空运输的介绍比较少,仅限于本项目,这是因为集装箱水路运输在整个集装箱运输中所占的比例很大。

集装箱陆路运输和航空运输在集装箱运输中所占比例虽然不大,但却是必不可少的。本项目涉及的知识点包括集装箱装卸工艺、集装箱货运站和中转站的布局与设施、集装箱航空运输的特点与运费计算等。如果大家将来毕业后从事集装箱陆路运输或者航空运输的工作,那么还必须再找一些集装箱陆路运输或者航空运输的专业书籍,加深学习。

附录

附录 A 落货纸

发货人 SHIPPER(全称 & 地址) ×××××××××× ×××××××××× 电话:××××××× 传真:××××××× 联络人:×××	LCL SHIPPING ORDER	
	定仓号(BOOKING NO.)	落货纸
收货人 CONSIGNEE(全称 & 地址) ×××××××××× ×××××××××× TEL:××××××× FAX:×××××××	××××××××××(货运代理公司名称) ××××××××××(货运代理公司地址) TEL:××××××× FAX:×××××××	
通知人 NOTIFY PARTY(全称 & 地址) ×××××××××× ×××××××××× 起运港 PORT OF LOADING * ×××	SEA FREIGHT TO BE FREIGHT PREPAID 费用预付 □ FREIGHT COLLECT 费用到付 □	SERVICE REQUIRED 运输方式 CFS/CFS□ CFS/DOOR□
卸货港 目的港 * PORT OF DISCHARGE FINAL DESTINATION ××× ×××	领提单3份 □ B/L INTENDED TO BE 发单地 电 放 □ ISSUEED AT □ ××× B/L 领提单地 □	

PARTICULARS FURNISHED BY SHIPPPER				
*唛头及标志 MARKS & NOS.	*件数 NO. OF PKGS	*品名 DESCRIPTION OF GOODS	*毛重(公斤) G.W.	*体积(立方米) CBM
×××	×××	×××	×××	×××
其他要求:		出货时间: 年 月 日		

C.C:业务员/×××   MOBILE:××××××××××××

附录 B 十联单第一联

集装箱货物托运单（货主留底）（B/N）

SHIPPER(发货人)	D/R NO.(场站收据编号)	抬头	
Consignee(收货人)	集装箱货物托运单		
Notify party(通知人)	货主留底	第一联	
Pre-carriage by （前程运输）	Place of receipt 收货地点		
Ocean vessel; Voy. No.　　Port of Loading 　船名　　　航次　　　装货港			
Port of Discharge　Place of Delivery　Final Destination For the Merchant's Reference 　卸货港　　　交货地点　　　　最终目的地			
Container No. 集装箱号	Seal No., marks & Nos. 铅封号,标志号	No. of container or pkgs 箱数或件数	Kind of pkgs; description of goods 包装种类与货名	Gross weight 毛重	Measurement 尺码/立方数
Total number of containers of packages (in words) 集装箱或件数合计（大写）					
Freight & charges 运费与附加费	Revenue tons 运输吨	Rate 运费率	Per 每	Prepaid 预付	Collect 到付
Ex rate 兑换率	Prepaid at 预付地点	Payable at 到付地点	Place of issue 签发地点		
	Total prepaid 预付金额	No. of original B/L 正本提单份数			
TYPE OF GOODS	☐Ordinary　☐Reefer　☐Dangerous　☐Auto ☐Liquid　☐Live animal　☐Bulk　☐___		Dangerous 危险品	Class Property IMDG CODE PAGE UN NO.	
Service type on receiving ☐-CY ☐-CFS ☐-DOOR	Service type on delivery ☐-CY ☐-CFS ☐-DOOR		Reefer Temperature Required 冷藏温度		
Transshipment 可否转船	Partial shipment 可否分批				
Date of shipment 装船日期	period of validity 有效期				
Amount(USD)金额（美元） 制单日期：					

附录 C 十联单第七联

场站收据（D/R）

SHIPPER	D/R NO.	抬头
CONSIGNEE	场站收据	
NOTIFY PARTY	DOCK RECEIPT	第七联
PRE-CARRIAGE BY	PLACE OF RECEIPT	
OCEAN VESSEL VOY. NO.	PORT OF LOADING	

PORT OF DISCHARGE PLACE OF DELIVERY	FINAL DESTINATION FOR THE MERCHANT'S REFERENCE

CONTAINER NO.	SEAL NO.	NO. OF CONTAINERS OR PKGS	KIND OF PACKAGES; DESCRIPTION OF GOODS	GROSS WEIGHT	MEASUREMENT

TOTAL NUMBER OF CONTAINERS OR PACKAGES(IN WORDS)	SAY _____ ONLY

CONTAINER NO.	SEAL NO.	PKGS	CONTAINER NO. SEAL NO. PKGS
			RECEIVED BY TERMINAL

FREIGHT & CHARGE	PREPAID AT	PAYABLE AT	PLACE OF ISSUE
	TOTAL PREPAID	NO. OF ORIGINAL B/L THREE	

附录 D 十联单第九联

集装箱发放/设备交接单　　配舱回单(1)

上海中远国际货运有限公司 COSCO SHANGHAI INTERNATIONAL FREIGHT CO.,LTD.		OUT 出场
集装箱发放/设备交接单 EQUIPMENT INTERCHANGE RECEIPT		
NO.		
用箱人/运箱人(CONTAINER USER/HAULIER)		提箱地点(PLACE OF DELIVERY)
发往地点(DELIVERED TO)	返回/收箱地点(PLACE OF RETURN)	

船名/航次 (VESSEL/VOYZGE NO.)	集装箱号 (CONTAINER NO.)	尺寸/类型 (SIZE/TYPE)	营运人 (CNTR. OPTR.)

提单号 (B/L NO.)	铅封号 (SEAL NO.)	免费期限 (FREE TIME PERIOD)	运载工具牌号 (TRUCK,WAGON,BARGE NO.)

出场目的 (PPS OF GATE-OUT/STATUS)		进场目的/状态 (PPS OF GATE-INSTATUS)		出场日期 (TIME-OUT)

出场检查记录(INSPECTION AT THE TIME OF INTERCHANGE)

普通集装箱 (GP CONTAINER)	冷藏集装箱 (RF CONTAINER)	特种集装箱 (SPERCIAL CONTAINER)	发电机 (GEN SET)
正常(SOUND) 异常(DEFECTIVE)	正常(SOUND) 异常(DEFECTIVE)	正常(SOUND) 异常(DEFECTIVE)	正常(SOUND) 异常(DEFECTIVE)

除列明者外,集装箱及集装箱设备交接单时完好无损,铅封完好无损。
THE CONTAINER/ASSOCIATED EQUIPMENT INTERCHANGED IN SOUND CONDITION AND SEAL INTACT UNLESS OTHERWISE STATED

用箱人/运箱人(CONTAINER USER/HAULIER'S SIGNATURE)
码头/堆场值班员签署(TERMINAL/DEPOTCLERK'S SIGNATURE)

SCT 码头

附录 E 集装箱类型代号表

代码	箱型	箱型代码	主 要 特 征	箱型详细代码
G	通用集装箱（无通风装置）	GP	—一端或两端有箱门	G0
			—货物的上方有透气罩	G1
			—一端或两端设有箱门,并且在一侧或两侧亦设"全开式"箱门	G2
			—一端或两端设有箱门,并且在一侧或两侧亦设"局部"箱门	G3
			—备用号	G4
			—备用号	G5
			—备用号	G6
			—备用号	G7
			—备用号	G8
			—备用号	G9
V	通风式通用集装箱	VH	—无机械排风装置,但在上、下两侧设有自然通风窗	V0
			—备用号	V1
			—箱内设有机械式通风装置	V2
			—备用号	V3
			—外置式机械通风装置	V4
			—备用号	V5
			—备用号	V6
			—备用号	V7
			—备用号	V8
			—备用号	V9
B	干散货集装箱 —无压干散货集装箱 —承压干散货集装箱	BU BK	—封闭式	B0
			—气密式	B1
			—备用号	B2
			—水平方向卸货,试验压力 150 Pa	B3
			—水平方向卸货,试验压力 265 Pa	B4
			—倾斜卸货,试验压力 150 Pa	B5
			—倾斜卸货,试验压力 265 Pa	B6
			—备用号	B7
			—备用号	B8
			—备用号	B9

续表

代码	箱型	箱型代码	主要特征	箱型详细代码
S	以货物种类命名的集装箱	SN	—牲畜集装箱	S0
			—汽车集装箱	S1
			—活鱼集装箱	S2
			—备用号	S3
			—备用号	S4
			—备用号	S5
			—备用号	S6
			—备用号	S7
			—备用号	S8
R	保温集装箱 —机械制冷 —制冷/加热集装箱 —自备电源的机械制冷/加热集装箱	RE RT RS	—机械制冷	R0
			—机械制冷/加热	R1
			—机械制冷	R2
			—机械制冷/加热	R3
			—备用号	R4
			—备用号	R5
			—备用号	R6
			—备用号	R7
			—备用号	R8
			—备用号	R9
H	保温集装箱 —带挂装式机械制冷/加热装置 —隔热式集装箱	HR HI	—外置式挂装制冷/加热装置 $K=0.4\ W/(m^2 \cdot K)$	H0
			—内置式挂装,制冷/加热装置	H1
			—外置式挂装,制冷/加热装置 $K=0.7\ W/(m^2 \cdot K)$	H2
			—备用号	H3
			—备用号	H4
			—隔热层 $K=0.4\ W/(m^2 \cdot K)$	H5
			—隔热层 $K=0.7\ W/(m^2 \cdot K)$	H6
			—备用号	H7
			—备用号	H8
			—备用号	H9

续表

代码	箱型	箱型代码	主 要 特 征	箱型详细代码
U	敞顶式集装箱	UT	—一端或两端开口 —一端或两端开口并有活动的上端梁 —一端或两端以及一侧或两侧开口 —一端或两端以及一侧或两侧开口并有活动的上端梁 —一端或两端开口以及一侧部分开口和另一侧全部开口 —全部敞顶,带固定的侧壁和端壁(无开门) —备用号 —备用号 —备用号 —备用号	U0 U1 U2 U3 U4 U5 U6 U7 U8 U9
P	平台 (和台架式) 集装箱 —上部结构 不完整 —固端结构 —折端结构 —带完整的 上部结构 的台架式 集装箱	PL PF PC PS	—平台集装箱 —双固端结构 —固定角柱,活动侧柱或活动顶结构 —可折的完整端结构 —可折角柱,活动侧柱或活动顶结构 —散顶、敞顶(骨架式) —备用号 —备用号 —备用号 —备用号	P0 P1 P2 P3 P4 P5 P6 P7 P8 P9
T	罐式集装箱 —非危险性液体货 —危险性液体货 —气体货物	TN TD TG	—最低试验压力 45 kPa —最低试验压力 150 kPa —最低试验压力 265 kPa —最低试验压力 150 kPa —最低试验压力 265 kPa —最低试验压力 400 kPa —最低试验压力 600 kPa —最低试验压力 910 kPa —最低试验压力 2 200 kPa —最低试验压力(未定)	T0 T1 T2 T3 T4 T5 T6 T7 T8 T9
A	空/陆/水联运集装箱	AS		A0

附录F 铁路联盟标准数字代码及字母代码表

数字代码 (CODE)	铁路(Railways)	
	字母代码 (Initials)	公司名称(Name)
10	V R	芬兰国家铁路 Finish State Railways
20	SZD	原苏联铁路 USSR Railways
30	KRZ	朝鲜民主主义人民共和国铁路 Railways of the Korean Democratic People's Republic
31	MTZ	蒙古人民共和国铁路 Railways of the Mongolian People's Republic
32	DSVN	越南铁路 Railways of the Democratic Republic of Vietnam
33	KZD	中华人民共和国铁路 Railways of the Chinese People's Republic
40	FC	古巴铁路 Cuban Railways
41	ALB	阿尔巴尼亚铁路 Railways of the People's Republic of Albania
42	JNE	日本国有铁路 Japanese National Railways
43	GYSEV	腊伯-鄂尔敦堡平原铁路 Raab-oldenburg-Ebenfurt Railways
44	BHEV	布达佩斯地方铁路 Budapest Local Railway
50	DR	德国国营铁路 German State Railways
51	PKP	波兰国营铁路 Polish State Railways
52	BDZ	保加利亚国营铁路 Bulgarian State Railways
53	CFR	罗马尼亚铁路 Romanian Railways
54	CSD	捷克斯洛伐克国营铁路 Czechoslovak State Railways
55	MAV	匈牙利国营铁路 Hungarian State Railways
56		联合客卧公司 Joint Sleeping Car Service of BDZ,CFR,DR,JZ,MAV and PKP
60	CIE	爱尔兰运输公司 Irish Transport Company
61	ANZ	昂赞铁路(法) Anzin Railways
62	SP	瑞士私营铁路 Swiss Private Railways
63	BLS	伯尔尼-罗特森山-新普伦伯尔尼阿尔卑斯山铁路 Berne-Lotschberg- Simplon Bernese Alps Railways
64	FNM	北米兰铁路 North Milan Railways
65	RJB	里无坎(挪)铁路 Rjukan Railways
66	CIW LT	国际客卧和旅游公司 International Sleeping Car and Tourism Company
70	BR	英国铁路 British Railways
71	RENFE	西班牙国家铁路 Spanish National Railway System
72	JZ	南斯拉夫铁路 Yugoslav Railways

续表

数字代码 (CODE)	铁路(Railways)	
	字母代码 (Initials)	公司名称(Name)
73	CH	希腊铁路 Hellenic Railways
74	SJ	瑞典国营铁路 Swedish State Railways
75	TCDD	土耳其国营铁路 Turkish Republican State Railways
76	NSB	挪威国营铁路 Norwegian State Railways
80	DB	德意志联邦铁路 German Federal Railway
81	OBB	奥地利联邦铁路 Austrian Federal Railways
82	CFL	卢森堡国有铁路公司 Luxemburg National Railway Company
83	FS	意大利国营铁路 Italian State Railways
84	NS	荷兰铁路 Netherlands Railways
85	CFF	瑞士联邦铁路 Swiss Federal Railways
86	DSB	丹麦国营铁路 Danish State Railways
87	SNCF	法国国有铁路公司 French National Railway Company
88	SNCB	比利时国有铁路公司 Belgian National Railway Company
89		未用 not used
90		未用 not used
91	SNCFT	突尼斯国有铁路公司 Tunisian National Railway Company
92	SNCFA	阿尔及利亚国有铁路公司 Algerian National Railway Company
93	ONCFM	摩洛哥国家铁路局 National Office of the Moroccan Railways
94	CP	葡萄牙铁路公司 Portuguese Railways Company
95		未用 not used
96	RAI	伊朗国营铁路 Iranian State Railways
97	CFS	叙利亚铁路 Syrian Railways
98	CEL	黎巴嫩国家铁路局 Office of the Lebanese State Railways
99	IRR	伊拉克铁路 Iraki Republican Railways

附录 G 出/入境集装箱报检单

中华人民共和国出入境检验检疫
出/入境集装箱报检单

报检单位(加盖公章):　　　　　　　　　＊编　号:_____

报检单位登记号:　　联系人:　　电话:　　报检日期:　年　月　日

收货人	(中文)		
	(外文)		
发货人	(中文)		
	(外文)		
集装箱规格及数量	集装箱号码	拟装/装载货物名称	包装/铺垫物种类及数量
运输工具名称号码		启运/到达国家或地区	
启运及经停地点		装运/到货日期	
提单/运单号		目的地	
集装箱停放地点		＊检验检疫费	
拆/装箱地点		总金额(人民币元)	
需要单证名称	□集装箱检验检疫结果单 □熏蒸/消毒证书 □	计费人	
		收费人	

报检人郑重声明: 1. 本人被授权报检。 2. 上列填写内容正确属实。 签名:_____	领取证单	
	日期	
	签名	

注:1. 有"＊"号栏由出入境检验检疫机关填写;2. 凡需要出入境货物通关单以及申请委托检验业务的,不适用于本单,一律填写出入境货物报检单。

附录 H 集装箱检验检疫结果单

中华人民共和国出入境检验检疫
集装箱检验检疫结果单

No.

申请人			
船名/航次		货名	
目的地		检验日期	
检验结果			

检 验 项 目	结果
箱体、箱门完好,箱号清晰,安全铭牌齐全。	
箱体无有毒有害危险品标志;箱内清洁、卫生,无有毒有害残留物,且风雨密状况良好。	
未发现病媒生物。	
未发现活害虫及其他有害生物。	

集装箱数量		×20'GP		×40'GP		×45'GP	
规格	集装箱号		规格	集装箱号	规格		集装箱号

以上集装箱符合验箱要求,申报无诈。

(盖章)

验箱地点/日期		协检人员	
检验检疫审核人员		审核日期	

备注:若待检的集装箱为其他规格,则将集装箱数量后面的×20'GP、×40'GP、×45'GP改为相应的代码。

附录Ⅰ 出境货物报检单

**中华人民共和国出入境检验检疫
出境货物报检单**

报检单位(加盖公章)　　　　　　　　　　　　　　＊编号

报检单位登记　　联系人：　　电话：　　报检日期：　年　月　日

发货人	(中文)	
	(外文)	
收货人	(中文)	
	(外文)	

(1)货物名称(中/外文)	H.S.编码	产地	(2)数/重量	货物总值	包装种类及数量

运输工具名称号码		贸易方式		货物存放地点	
合同号		信用证号		用途	
发货日期		(3)输往国家(地区)		许可证/审批号	
启运地		到达口岸		生产单位注册号	
集装箱规格、数量及号码					

合同、信用证订立的检验检疫条款或特殊要求	标记及号码	(4)随附单据(划"√"或补填)	
		□合同	□包装性能结果单
		□信用证	□许可/审批文件□
		□发票	□
		□换证凭单	□
		□装箱单	□
		□厂检单	□
(5)需要单证名称(划"√"或补填)		＊检验检疫费	

续表

□品质证书 □重量证书 □数量证书 □兽医卫生证书 □健康证书 □卫生证书 □动物卫生证书	__正__副 __正__副 __正__副 __正__副 __正__副 __正__副 __正__副	□植物检疫证书 □熏蒸/消毒证书 □出境货物换证凭单 □出境货物通关单 □ □ □	__正__副 __正__副 __正__副	总金额 （人民币元）	
				计费人	
				收费人	
报检人郑重声明： 1. 本人被授权报检。 2. 上列填写内容正确属实，货物无伪造或冒用他人的厂名、标志、认证标志，并承担货物质量责任。 签名：_____				领取证单	
				日期	
				签名	

注：有"*"号栏由出入境检验检疫机关填写　　　　　　　　　　◆国家出入境检验检疫局制

附录 J 一般原产地证明书

C. O.

1. Exporter (full name and address)	Certificate NO.： CERTIFICATE OF ORIGIN OF THE PEOPLE'S REPUBLIC OF CHINA	
2. Consignee (full name, address, country)		
3. Means of transport and route	5. For certifying authority use only	
4. Destination port		
6. Marks and numbers of packages	7. Description of goods; number and kind of packages	8. H. S. Code	9. Quantity or weight	10. Number and date of invoices
11. Declaration by the exporter: 　The undersigned hereby declares that the above details and statements are correct; that all the goods were produced in China and that they comply with the Rules of Origin of the People's Republic of China. Place and date, signature and stamp of authorized signatory	12. Certification It is hereby certified that declaration by the exporter is correct! Place and date, signature and stamp of certifying authority	

※China Council for the Promotion of International Trade is China Chamber of International Commerce.

附录 K 普惠制产地证

GSP FORM A

1. Goods consigned from (Exporter's business name, address, country)	Reference No. GENERALIZED SYSTEM OF PREFERENCES CERTIFICATE OF ORIGIN (Combined declaration andcertificate) FORM A Issued in THE PEOPLE'S REPUBLIC OFCHINA (country)
2. Goods consigned to (Consignee's name, address, country)	
	See Notes overleaf
3. Means of transport and route (as far asKnown)	4. For official use

5. Item number	6. Marks and numbers of packages	7. Number and kind of packages; description of goods	8. Origin criterion(see Notes overleaf)	9. Gross weight or other quantity	10. Number and date of invoice

11. Certification It is hereby certified, on basis of control carried out, that the declaration by the exporter is correct. ……………………………… Place and date, signature and stamp of certifying authority	12. Declaration by the exporter The undersigned, hereby declares that the above details and statements are correct; that all the goods were produced in…… ……………… (country) and that they comply with the origin requirements specified for those goods in the Generalized System of Preferences for goods exported to ……………………………………… (Importing country) ……………………………………… Place and date, signature of authorized signatory

附录 L 出口货物报关单

中华人民共和国海关出口货物报关单

预录入编号：　　　　　　海关编号：

出口口岸		备案号		出口日期		申报日期	
(A)经营单位		(B)运输方式		(C)运输工具名称		(D)提运单号	
(E)发货单位		(F)贸易方式		(G)征免性质		(H)结汇方式	
许可证号		运抵国(地区)		指运港		境内货源地	
批准文号		成交方式		运费		保费		杂费	
合同协议号		件数		包装种类		毛重(kg)		净重(kg)	
集装箱号		随附单据				生产厂家		
标记唛码及备注							

项号	商品编号	商品名称、规格型号	数量及单位	最终目的国(地区)	单价	总价	币制	征免

税费征收情况	
录入员　　录入单位　　兹声明以上申报无讹并承担法律责任	海关审单批准及放行日期
报关员　　　　　　申报单位(签章)	审单　　审价
单位地址：	
	征税　　统计
邮编：　　电话：　　填制日期：	
	查验　　放行

附录 M 电放申请书

TELEX RELEASE APPLICATION LETTER

TO:(full style of the agency company)
FM:(full style of the application company)
DATE:

Vsl/Voy:
Port of loading:
Port of discharge:
Place of delivery:
B/L NO.:
Container No.:

We confirm and hereby authorize a telex release of the above mentioned container(s) cargo for which we have surrendered the original bill of lading with ocean freight/charges settled and you are to release the containers to:

Consignee(Full style of the cargo receiver's name):
Address:
Tel: Fax:
Person in charge:

We accept full responsibility and all consequences for telex release of the container(s). Cargo is released in this manner, with no liability to your good company, your principal or agent.

APPLICATION COMPANY:
NAME:
POZITION:
SIGNATURE:

附录 N 电放通知书

TELEX RELEASE INSTRUCTIONS

TO/ATTN: Agency of Discharging Port/Person in charge
Date:
CC: Agency of the Transshipment Port
CC: Related person
CC: Shipper and/or his agency

FM: Agency of Loading Port/Person in charge
M. V. Voyage: (Port of Loading)/Port of Discharge Via (Transshipment Port)

Subject: TELEASE RELEASE

Please be advised that we are holding full set of original Bills of Loading for the above mentioned shipment, therefore please release said container to:

Consignee(Full style of the cargo receiver's name):
Address:
Tel: Fax:
Person in charge:

The shipper accept full responsibility and all consequences of releasing the cargo in this manner.
Furthermore please keep the record and collect all relevant charges at your end prior to release of shipment.

SHIPPING COMPANY:
NAME:
POZITION:
SIGNATURE:

附录O 危险货物隔离表

类别	1.1 1.2 1.5	1.3 1.6	1.4	2.1	2.2	2.3	3	4.1	4.2	4.3	5.1	5.2	6.1	6.2	7	8	9
1.1 1.2 1.5	*	*	*	4	2	2	4	4	4	4	4	4	2	4	2	4	×
1.3 1.6	*	*	*	4	2	2	4	3	3	4	4	4	2	4	2	4	×
1.4	*	*	*	2	1	1	2	2	2	2	2	2	×	4	2	4	×
2.1	4	4	2	×	×	×	2	1	2	×	2	2	×	4	2	1	×
2.2	2	2	1	×	×	×	1	×	1	×	×	1	×	2	1	×	×
2.3	2	2	1	×	×	×	2	×	2	×	×	×	×	2	1	×	×
3	4	4	2	2	1	2	×	×	2	1	2	2	×	3	2	×	×
4.1	4	3	2	1	×	×	×	×	1	×	1	1	2	×	3	2	1	×
4.2	4	3	2	2	1	2	2	1	×	1	2	2	1	3	2	1	×
4.3	4	4	2	×	×	×	1	×	1	×	2	2	2	2	2	1	×
5.1	4	4	2	2	×	×	2	1	2	2	×	2	1	3	1	2	×
5.2	4	4	2	2	1	2	2	2	2	2	2	×	1	3	2	2	×
6.1	2	2	×	×	×	×	×	×	1	×	1	1	×	1	×	×	×
6.2	4	4	4	4	2	2	3	3	3	2	3	3	1	×	3	3	×
7	2	2	2	2	1	1	2	2	2	2	1	2	×	3	×	2	×
8	4	2	2	1	×	×	×	1	1	1	2	2	×	3	2	×	×
9	×	×	×	×	×	×	×	×	×	×	×	×	×	×	×	×	×

  隔离表中代码和符号的含义：
  "1"：表示远离；
  "2"：表示隔离；
  "3"：表示用一整个舱室或货舱隔离；
  "4"：表示用一介于中间的整个舱室或货舱做纵向隔离；
  "×"：表示如需隔离，要求应查阅《危险货物一览表》；
  "*"：表示要查阅爆炸品装载与隔离说明。

参考文献

[1] 真虹,顾佳俊.集装箱运输学[M].大连:大连海事大学出版社,1997.
[2] 王学锋,等.集装箱管理与装箱工艺[M].上海:同济大学出版社,2006.
[3] 蒋正雄,刘鼎铭.集装箱运输学[M].北京:人民交通出版社,1997.
[4] 杨茅甄.集装箱运输实务[M].北京:高等教育出版社,2007.
[5] 纪寿文,等.集装单元化运输与装备[M].北京:中国物资出版社,2010.
[6] 杨鹏强.国际货运代理实务[M].北京:中国海关出版社,2010.
[7] 林益松,郑海棠.国际集装箱班轮运输实务[M].北京:中国海关出版社,2010.
[8] 中国国际货运代理协会.国际航空货运代理理论与实务[M].北京:中国商务出版社,2005.
[9] 顾丽亚.航空货运业务[M].上海:华东师范大学出版社,2008.
[10] 谢东建.集装箱运输管理[M].北京:中国物资出版社,2007.
[11] 汪益兵.集装箱运输实务[M].北京:机械工业出版社,2007.
[12] 武德春,武晓.集装箱运输实务[M].北京:机械工业出版社,2004.
[13] 朱晓宁.集装箱运输与多式联运[M].北京:中国铁道出版社,2005.
[14] 杨志刚,吴永福.国际集装箱运输实务[M].北京:人民交通出版社,1998.
[15] 王艳艳,等.集装箱运输管理[M].北京:北京理工大学出版社,2007.
[16] 刘锡蔚.集装箱船舶积载[M].北京:人民交通出版社,1997.
[17] 郭丽颖.集装箱运输学[M].武汉:武汉理工大学出版社,2008.
[18] 林祖艺.国际集装箱运输[M].北京:人民交通出版社,1997.
[19] 中国港口集装箱网 http://www.portcontainer.com.
[20] 中远集运 http://www.coscon.com.
[21] 中海集运 http://www.cscl.com.cn.
[22] 国际集装箱局 http://www.bic-code.org.
[23] 中国集装箱行业协会 http://www.chinaccia.com.
[24] 百度百科 http://baike.baidu.com.
[25] 中国船级社 http://www.ccs.org.cn.